EL APOCALIPSIS

Descubre Todo lo que Temías Preguntar sobre el Fin de los Tiempos

FREDERICH BLAKE

© Copyright 2021 – - Todos los derechos reservados.

Este documento está orientado a proporcionar información exacta y confiable con respecto al tema tratado. La publicación se vende con la idea de que el editor no tiene la obligación de prestar servicios oficialmente autorizados o de otro modo calificados. Si es necesario un consejo legal o profesional, se debe consultar con un individuo practicado en la profesión.

- Tomado de una Declaración de Principios que fue aceptada y aprobada por unanimidad por un Comité del Colegio de Abogados de Estados Unidos y un Comité de Editores y Asociaciones.

De ninguna manera es legal reproducir, duplicar o transmitir cualquier parte de este documento en forma electrónica o impresa.

La grabación de esta publicación está estrictamente prohibida y no se permite el almacenamiento de este documento a menos que cuente con el permiso por escrito del editor. Todos los derechos reservados.

La información provista en este documento es considerada veraz y coherente, en el sentido de que cualquier responsabilidad, en términos de falta de atención o de otro tipo, por el uso o abuso de cualquier política, proceso o dirección contenida en el mismo, es responsabilidad absoluta y exclusiva del lector receptor. Bajo ninguna circunstancia se responsabilizará legalmente al editor por cualquier reparación, daño o pérdida monetaria como consecuencia de la información contenida en este documento, ya sea directa o indirectamente.

Los autores respectivos poseen todos los derechos de autor que no pertenecen al editor.

La información contenida en este documento se ofrece únicamente con fines informativos, y es universal como tal. La presentación de la información se realiza sin contrato y sin ningún tipo de garantía endosada.

El uso de marcas comerciales en este documento carece de consentimiento, y la publicación de la marca comercial no tiene ni el permiso ni el respaldo del propietario de la misma.

Todas las marcas comerciales dentro de este libro se usan solo para fines de aclaración y pertenecen a sus propietarios, quienes no están relacionados con este documento.

Índice

Introducción	vii
1. Un primer acercamiento al fin del mundo	1
2. El libro de la revelación	23
3. Ragnarok	45
4. Acharit Hayamim	55
5. El destructor de mundos	67
6. Profecía del Buda Maitreya	89
7. Frashokereti	103
8. El gran espíritu	119
9. La redención final	129
10. Los encantamientos divinos	135
11. Los cinco soles	139
12. El calendario Maya	151
Conclusión: una rápida revisión al Apocalipsis contemporáneo	157
Referencias	165

Introducción

Al igual que los cuestionamientos sobre quiénes somos y de dónde venimos, el preguntarse cómo es que terminará nuestra vida y, más allá de eso, nuestro mundo, es un tema que ha interesado a toda la humanidad alrededor de todo el mundo.

Las historias que predicen el fin de nuestros días son variadas y dependen fuertemente del contexto en el que se desarrollan. A pesar de que hoy el fin del mundo nos hace pensar en terribles consecuencias del cambio climático, en enfermedades, guerras, armas biológicas y la escasez de recursos naturales (pasando también por las grandes y afamadas producciones cinematográficas, referentes principalmente a zombis e inteligencia artificial malévola), es importante no descuidar lo que las culturas antiguas ya identificaban en su momento.

Introducción

Para ellos, las causas del fin del mundo no diferían tanto de las actuales: fuertes terremotos e inundaciones eran predichas, solo que la causa era muy diferente a lo que podríamos explicar hoy en día.

La creencia en la próxima venida de diferentes dioses, la lucha entre el bien y el mal, los deseos de un ser supremo de mejorar a la raza humana y el exceso de pecados que cada vez más separaban a las personas del camino correcto, son algunas de las principales razones por las que comenzaba a generarse un apocalipsis en el mundo.

Y estas historias, además de relacionarse con las creencias religiosas predominantes para cada cultura, refieren también al contexto en el que fueron creadas y comunicadas. Existen culturas que construyeron el proceso del fin del mundo a partir de las vivencias que su pueblo enfrentaba, tales como violencia, discriminación, esclavitud, violentas persecuciones y muchos otros procesos lamentables dentro de la historia de la vida humana.

Es probable que, por esto, el mundo contemporáneo ha centrado sus ideas de "fin del mundo" en procesos atribuibles al cambio climático, la mala gestión tecnológica y la lucha de poderes: cada etapa ha sido marcada por

Introducción

los procesos sociales, culturales, ambientales y económicos que le rodean, y esto es un reflejo sumamente claro dentro de las historias apocalípticas, como podrás entender más adelante.

El hablar del apocalipsis no debe ser necesariamente una invitación al camino del miedo y la paranoia, sino un proceso reflexivo en el que se busque entender el contexto y las causas de estas intrigantes y, honestamente, fascinantes historias. También, es una invitación a ver reflejadas las terribles consecuencias del posible fin de la humanidad en los eventos que suceden en la actualidad.

Este libro te llevará desde el hinduismo hasta las profecías mayas y azteca, pasando también por las culturas asiáticas e incluso el zoroastrismo.

Es sumamente interesante aprender lo que cada cultura entiende por el fin del mundo, pues podrás darte cuenta de que algunas tienen similitudes especiales que te permitirán hacer un análisis mucho más profundo de los relatos humanos.

Espero que estés listo/a para un viaje alrededor del mundo en los tiempos antiguos, y te invito a seguir cuestionándote las causas y consecuencias de nuestro paso por el mundo.

Introducción

Seguramente habrá mucho más que aprender de cada una de estas historias y diferentes versiones de una misma, pues su comunicación se basó por mucho tiempo en el proceso hablado y la interpretación individual, lo que lleva a diversas ramificaciones de una misma base.

Te invito pues a comenzar esta aventura, con asombro y consciencia, pues los mitos, leyendas, profecías e historias referentes al fin del mundo guardan dentro de ellas un cúmulo de sucesos y cosmovisiones específicas que sin duda te sorprenderán.

1

Un primer acercamiento al fin del mundo

Desde el principio de la humanidad, se han contado diversas historias sobre cómo será su final. Estas historias difieren mucho en todo el mundo, pero casi todas las culturas tienen alguna historia que contar sobre el fin de la humanidad, y los mitos que construyen suelen seguir uno de dos patrones: cíclico o lineal.

Las historias cíclicas sobre el apocalipsis a menudo se relacionan con los cuentos de origen de la cultura basados en su mitología, ya que los comienzos y los fines de las cosas generalmente están vinculados. A menudo se cree que la humanidad ha encontrado un final antes y ha renacido, y está destinada a hacerlo de nuevo.

. . .

Los relatos lineales del apocalipsis a menudo se profetizan y afirman que habrá un fin del mundo después del cual no habrá retorno. Algunos de los cuentos más antiguos de la humanidad hablan del fin (o fines) de ésta con la misma reverencia y deseo de conocer lo desconocido que se puede encontrar en los cuentos de origen, y este deseo todavía se puede encontrar en la actualidad, en todo tipo de predicciones y profecías (algunas detonantes de histeria colectiva) del fin del mundo, demostrando que está en la naturaleza humana querer saber de dónde venimos y hacia dónde vamos.

Uno de los temas universales más importantes entre las historias del apocalipsis tanto cíclicas como lineales es el del diluvio y quizás la más conocida de estas historias es la de Noé en la religión cristiana. Hay múltiples versiones de la historia del diluvio en la mitología mesopotámica, que son anteriores a la historia escrita.

Inmortalizada en escritura cuneiforme, la "primera" historia del diluvio de la región data de 2000 años antes que la de la Biblia y es incluso 1800 años más antigua que *La epopeya de Gilgamesh*, que es comúnmente conocida por ser una de las primeras historias escritas de la humanidad.

"El mito de Atrahasis", como se le llama, sigue la misma historia que en la Biblia, con un hombre, Atrahasis, más tarde conocido como Utnapishtim, y equivalente a Noé, guiando a un grupo de sobrevivientes a través la primera destrucción del mundo, una inundación.

Como ocurre con la mayoría de los mitos sobre las inundaciones, existe una conexión directa con el relato del origen de la cultura: en el mito mesopotámico, antes de la humanidad, había una separación entre los dioses superiores e inferiores. Los dioses superiores harían que los inferiores trabajaran para ellos, por lo que crearon a los humanos para ayudar a llevar la carga de trabajo. Pronto llegaron a lamentar su decisión, ya que los humanos a menudo eran ruidosos, ruidosos y rápidamente superpoblados.

Para deshacerse de su error, uno de los dioses superiores, Enlil, envió una inundación para acabar con ellos. Pronto se dio cuenta de que, a pesar de que por fin estaba tranquilo, todavía necesitaban personas que trabajaran para ellos, por lo que permitieron que los pocos sobrevivientes se repoblaran, con la promesa de que nunca repetirían su acto de destrucción masiva.

Para mantener a los humanos bajo control, los dioses les dieron una esperanza de vida más corta y enviaron guerras, bestias y enfermedades para asegurarse de que no se salieran de control nuevamente.

La mitología griega también tiene un mito de las inundaciones, que se vincula a su historia de origen que, a su manera, narra el fin de la humanidad. En el poema *Trabajos y días*, Hesíodo detalla las múltiples creaciones y destrucciones de las razas humanas que se han presentado antes de la humanidad tal como la conocemos hoy, una historia que muchos pueden conocer como "Las cinco razas".

Comienza con la Raza Dorada, seguida sucesivamente por una Raza de Plata, una Raza de Bronce, una Raza de Héroes, y termina con la Raza de Hierro, en la que actualmente reside la humanidad.

. . .

Hay algunos relatos del mito griego sobre la creación del hombre, y en algunos de ellos se dice que Zeus envió una inundación para destruir la Raza de Bronce. Como en el mito mesopotámico y el relato bíblico, el diluvio es enviado por los dioses (o Dios), pero hay sobrevivientes del diluvio a los que se les permite repoblar.

En la historia mesopotámica y bíblica, los supervivientes humanos construyen grandes arcas en las que se llevan animales con ellos para sobrevivir en el nuevo mundo, pero en el mito griego, solo Deukalion y su esposa, Pyrrha, sobrevivieron los nueve días y noches —en comparación con los cuarenta de los cristianos— en un cofre que él construyó.

Cuando las tierras se secaron, Zeus les permitió repoblar arrojándoles piedras sobre los hombros, lo que finalmente se convirtió en la gloriosa Raza de los Héroes. En los otros dos mitos, la repoblación humana ocurre de manera regular.

En lo que respecta a los mesopotámicos, el fin del mundo ya había ocurrido con el gran diluvio y no parecía haber mucha mención del fin del mundo de nuevo, lo que también es cierto para los griegos. Para ambas culturas no parecía haber un énfasis en la idea de otro fin, ya que los dioses ya habían cobrado su precio en el pasado. De esta manera se diferencia la creencia cristiana: Dios envió el diluvio y advirtió a Noé para que luego pudiera ayudar en la repoblación de la tierra y también prometió no volver a hacer algo así a la humanidad, una promesa que selló con el regalo del arco iris. A pesar de esto, la religión cristiana habla de otro fin del mundo, uno que será mucho más definitivo y no dejará sobrevivientes.

El concepto de una inundación que acaba con el mundo no es solo para el pasado o solo un obstáculo en el camino de una línea de tiempo mitológica lineal. La religión hindú también tiene una historia de una inundación entretejida en sus relatos cíclicos del fin del mundo.

Se cree que estamos en la cuarta edad del mundo (cada edad se conoce como un yuga), y cada fin del mundo es un día de Brahma, llamado kalpa, en el que el mundo se crea y se destruye. Cada día de Brahma dura aproximadamente 4.320.000 años, y se divide en 1.000 mahayuga, que se componen de cuatro yuga, y cada yuga dura 12.000 años.

El Apocalipsis

. . .

El mundo se encuentra actualmente en la cuarta edad, kaliyuga, que se cree que comenzó el 18 de febrero de 3102 a. C.; otras tres precedieron a este Día de Brahma. La primera fue krtayuga, una época en la que todos los seres eran felices y vivían por igual, no muy diferente de la Raza Dorada de Grecia.

El siguiente se llamó tretayuga, edad en la que la moral decayó y la humanidad tuvo que aprender sus deberes y apelar a los dioses. Luego vino dvaparayuga, cuando los humanos se volvieron codiciosos y envidiosos…

El mundo está actualmente en kaliyuga, edad en la que se sabe que los gobernantes son inquietos, hay mucha deshonestidad y muerte, la gente toma más de lo que da, el poder es de corta duración, el dinero es demasiado central y los malos rasgos de carácter son recompensados en lugar de castigados.

Se cree que al final de kaliyuga, un nuevo avatar del dios Vishnu aparecerá como un caballo blanco y salvará a la gente buena del final de los días. El mundo arderá debido a una sequía de 100 años y luego lloverá durante 100 años, creando una inundación que destruirá el mundo.

Después de todo esto, comenzará un nuevo ciclo, y retomaremos esta historia a fondo más adelante.

Aunque de naturaleza cíclica, el mito del apocalipsis hindú tiene algunas conexiones con los relatos lineales de la Biblia y el mito griego del diluvio. Todos cuentan la historia de una inundación que arrasó con la humanidad, aunque en la creencia hindú, está previsto que suceda en un futuro lejano en lugar de haber sucedido en el pasado distante.

En lo que respecta a la creencia cristiana, también se menciona un caballo blanco que aparece al final de los días en ambos relatos del apocalipsis, uno como el Dios de la creación y la destrucción, Vishnu, y el otro como un agente de Dios.

La creencia hindú también se puede comparar con las cinco razas en la mitología griega. En ambas historias, hay un declive constante en el carácter y la forma de vida de las razas humanas a medida que son destruidas y regeneradas. Aunque la historia griega no dice exactamente cómo terminará la Raza de Hierro, la creencia hindú insiste en que será en una gran inundación.

Por otra parte, sin duda, la cultura más conocida por sus ideas apocalípticas más que ninguna otra es la de los mayas, quienes tenían una idea cíclica del fin del mundo y creían que esto ya había sucedido varias veces. Curiosamente, creían que la gran inundación puso fin al ciclo anterior del mundo (que se remonta a los griegos, el cristianismo y la predicción de los hindúes).

Los mayas eran astrólogos diligentes y crearon múltiples calendarios a partir de sus estudios.

Uno de estos calendarios decía que la supuesta fecha del fin de este ciclo del mundo caería el 21 de diciembre de 2012, y no se dice mucho más allá de la fecha del final del ciclo. En lugar de profetizar las posibles formas en que puede ocurrir la destrucción, los mayas dedicaron más de su tiempo al sacrificio de sangre, que creían que impedía que el mundo terminara antes de que se completara el ciclo. De esta manera, se asemejan a la cultura egipcia.

Los egipcios no creían necesariamente en un fin predestinado del mundo, aunque se creía que cuando el mundo terminara, el dios Nun, dios de las aguas primordiales, reclamaría la tierra. Este dato los distingue de muchos otros sistemas de creencias, pues creían que el mundo había estado una vez equilibrado y este equilibrio, *ma'at*, se interrumpió cuando el dios Seth mató a su hermano, Osiris.

Fue debido a este acto que los faraones, los únicos que se creía que tenían la capacidad de comunicarse directamente con los dioses, tuvieron que hacer ofrendas a diario al dios sol, Ra. Si no lo hicieran, los dioses podrían morir y el equilibrio se perdería para siempre, lo que resultaría en el fin del mundo. Los mayas no creían que sus dioses pudieran morir, pero también hacían sacrificios programados para evitar el final de los días.

. . .

La cultura griega también estaba fuertemente incrustada de rituales y costumbres, la mayoría de los cuales giraban en torno a la felicidad de los dioses. Una falta de respeto hacia los dioses, como la cometida por la Raza de Plata de la mitología griega, llevó a Zeus a la destrucción humana.

Otra cultura con un concepto cíclico del fin del mundo fue la de los Hopis. La historia del surgimiento Hopi dice que la humanidad se encuentra actualmente en su cuarto mundo, como la creencia hindú afirma que el mundo está en su cuarto Día de Brahma. La gente del tercer mundo envió un pájaro al cielo para encontrar una apertura a un mundo superior una vez que el mundo en el que vivían se volvió demasiado inhabitable y corrupto. Una vez más, hay un tema de la humanidad desmoronándose lentamente debido a sus propios males.

La historia de los Hopis invierte un poco este patrón, debido al hecho de que están saliendo de su mundo a otro para volverse mejores, no debido a una aniquilación y avivamiento por parte de los dioses, como fue en "las cinco razas del hombre". La gente del tercer mundo subió una escalera al cielo y al cuarto mundo, pero accidentalmente trajo a una bruja con ellos.

Esto se descubrió a través de la muerte del hijo del jefe, ya que todos sabían que no habría muerte ni dolor si no se hubiera traído el mal con ellos.

Cuando estaban a punto de devolver a la bruja al tercer mundo, el jefe miró hacia abajo y vio a su hijo fallecido muy al fondo, por lo que decidió no cerrar el agujero, lo que le permitió al mal entrar al cuarto mundo. No había una descripción verdadera de cómo terminaría el mundo, pero se creía que sería provocado por la falta de respeto por el planeta.

Más comúnmente expresada en religión que en mitología es la idea de un estado lineal de la existencia del mundo: un principio y un final sin repetición. Una mitología que participó en la profecía del fin de los días fue la de los nórdicos.

El fin nórdico del mundo, Ragnarok, es un caos completo terminado por una gran batalla entre los dioses y los gigantes. Se dice que hay varias señales de que Ragnarok llegará pronto: Midgard, uno de los nueve mundos de la mitología nórdica habitados principalmente por humanos, quedará atrapado en años de guerra, seguidos de años de Fimulvetr, el invierno de los inviernos.

Se dice que habrá gran sufrimiento, incesto y otras depravaciones sexuales, así como baños de sangre interminables.

No mucho después, Loki y su hijo, el lobo Fenrir romperán las cadenas en las que los dioses los aprisionaron y comenzarán Ragnarok. Loki descenderá sobre la tierra en el barco Naglfar y cuando el guardián de los reinos, Heimdall, lo vea venir, dejará su hogar en la montaña y tocará el cuerno Gjall, advirtiendo a los dioses que Ragnarok finalmente está sobre ellos. Después de esto, el lobo Skoll se levantará y se comerá el sol, seguido de su hermano, Hati, quien destruirá la luna.

En este punto, las estrellas se desvanecerán y los terremotos y maremotos sacudirán la tierra a medida que la gente comience a ascender del inframundo. Los dioses se levantarán y lucharán contra los gigantes y los muertos vivientes, pero muchos de los dioses morirán en esta batalla y la tierra finalmente se hundirá en el mar.

Esto tiene algunas similitudes con la creencia egipcia de que un día las aguas primordiales del universo volverán a consumir el mundo.

Luego, la tierra renace del océano como un paraíso en el que residirán los dioses restantes que habían sobrevivido a la batalla. Dos humanos, Lif y Lifthrasir, que se habían escondido en Yggdrasil, el árbol que conecta los nueve mundos, se unirán a ellos. Los dos continúan repoblando la tierra. Esto es comparable a la historia del Huerto del Edén y sus habitantes, Adán y Eva, en la creencia cristiana, aunque obviamente inversa en el sentido de que aparecen después del fin de nuestro mundo y no en su origen. Lif y Lifthrasir también se pueden comparar con los supervivientes de las inundaciones, como Deukalion, Pyrrha, Noah y su esposa Naamah, todos los cuales tienen la tarea de repoblar la tierra.

. . .

El zoroastiranismo es una religión que también acaba con el mundo en una gran batalla, esta religión se centra en la lucha constante entre el bien y el mal. Al principio de los tiempos, el dios de la luz, Ohramzd, creó a la humanidad para fortalecer su poder contra el dios oscuro Ahiram, pero al fin del mundo, el salvador, Saoshyant, se levantará y destruirá al dios de las tinieblas y el mal.

Esto tendrá lugar en una batalla épica, la victoria de la bondad resultará en el juicio divino y la recompensa de una felicidad eterna.

Es común en las creencias lineales del fin del mundo que aparezcan salvadores que ayudan a la humanidad a superar la gran destrucción y pasar a un plano diferente de existencia. En la religión zorotariana, ese salvador es Saoshyant, la progenie accidental de Zoroastro, el fundador del zorotarianismo.

En la creencia hindú, Vishnu regresará y salvará a la gente buena en la tierra. Y sin lugar a dudas, el salvador más conocido del fin de los tiempos es Jesús, quien está destinado a regresar a la tierra y salvar a todos los que merecen el cielo. Este acto será la ruptura entre las dos edades del mundo, la época actual, invadida por el mal y la presencia del Diablo, y el "Triunfo de Dios".

A pesar de la popularidad de la creencia en la Segunda Venida de Jesús, existe cierta especulación sobre lo que ocurre exactamente al final del mundo en la creencia cristiana. Hay muchas versiones de la Biblia, cada una de las cuales se presta de manera un poco diferente a lo que se dice que sucederá al final de los días.

En el Nuevo Testamento, las profecías del apocalipsis aparecen en el Libro de las Revelaciones, supuestamente escrito por el apóstol Juan.

El Antiguo Testamento también tiene su propia versión del Libro de las Revelaciones, escrito por Daniel, quien se dice que fue un vidente, profeta e intérprete de sueños para la corte babilónica. También estaba Pablo, o Saulo, quien afirmó haber tenido una visión de Dios y creía que el mundo terminaría en el primer siglo.

. . .

Esto se puede comparar con los muchos oráculos de la cultura griega, quizás el más popularmente conocido como el oráculo de Delfos, por el que la gente de todas partes del mundo viajó para escuchar profecías del futuro.

A pesar de que existe mucha controversia sobre quién escribió qué y cuándo, así como sobre lo que realmente puede suceder al final de los días, hay algunas cosas que se pueden suponer en general sobre la idea cristiana del fin del mundo.

Al final, todos los "buenos" cristianos serán levantados de la tierra y salvados por la eternidad por Jesús. Esto se conoce como el Rapto o el Arrebatamiento. También habrá un Anticristo, cuyo reinado de la tierra traerá sufrimientos incalculables en muchas formas: este tiempo de sufrimiento se conoce como la Tribulación y se dice que durará siete años.

Al final de la Tribulación, habrá una batalla masiva entre el Anticristo y Jesús, que se conoce como la batalla de Armagedón. Al final de esta batalla, el Anticristo será derrotado y Cristo se asegurará de que el mundo se libere de todo mal, dolor y muerte. Los cambios causados por el tiempo y la expansión de la religión cristiana crearon una atmósfera para la mezcla de creencias culturales y religiosas.

Una de las mezclas más interesantes es el Apocalipsis de Pedro, un texto creado en un intento de convencer a los paganos de las ideas cristianas del fin del mundo. Esto se combinó con los oráculos griegos de Sibyl a finales del siglo II. En el texto, la tierra es destruida después de que el ángel Uriel abre las puertas del inframundo, liberando tanto a los muertos como a los gigantes del diluvio bíblico y los titanes de la mitología griega. Se dice que entonces Dios descenderá a la tierra, seguido por Cristo, los ángeles, Moisés, Abraham y los patriarcas hebreos, y habrá un gran juicio en el que los buenos serán recompensados y los malvados serán perseguidos.

En las creencias nórdicas, zoroástricas y cristianas, así como en el Apocalipsis de Pedro, se cree que el mundo terminará en una gran batalla.

. . .

Esto contrasta enormemente con la naturaleza cíclica de las otras mitologías, incluidas la griega, la maya, la mesopotámica, la hindú y la hopi, en las que el fin del mundo ya ha sucedido y puede que vuelva a suceder o no. Los temas comunes entre los patrones cíclicos de la mitología son la inundación y un declive constante de la humanidad.

Las creencias griegas, mayas, mesopotámicas e hindúes incluyeron una gran inundación que ha ocurrido o sucederá, y las mitologías nórdica y egipcia afirman que cuando el mundo se acabe, será tragado por el mar universal. En las creencias griegas, hindúes, mesopotámicas y hopi, la humanidad es a menudo su propia ruina, aunque en el caso de los griegos y los mesopotámicos, los dioses intervinieron, mientras que las creencias hindúes y hopi dejaron el cambio de un mundo a otro al simple paso del tiempo o de las personas mismas.

La obsesión de la humanidad por el fin del mundo ha continuado hasta nuestros días. Hay un sinfín de ideas sobre cómo el mundo puede llegar a su fin. Hay una serie de preocupaciones ambientales que han surgido en los últimos siglos y han provocado el pánico entre algunos grupos de personas.

El más obvio es el tema del cambio climático: debido a la densa contaminación creada por la humanidad, existe el temor de que la tierra se sumerja en otra edad de hielo o se caliente demasiado para ser habitable. También existe el temor de que alguna fuerza externa afecte a la Tierra, como un meteorito, un asteroide o un cometa, lo que podría crear una horda de efectos aterradores. Entre ellos se encuentra la creación de nubes de polvo masivas que podrían bloquear el sol, volviendo la tierra muy fría y sin vida.

La fuerza de otro cuerpo celeste que golpea la tierra también podría desencadenar una actividad tectónica o volcánica y maremotos nunca antes vistos. Se cree que un meteoro acabó con los dinosaurios, por lo que el miedo a que se repita ese escenario parece real para muchas personas.

Todos los posibles efectos de una colisión entre la Tierra y un cuerpo extraño, incluidos los maremotos, terremotos y supervolcanes que podrían consumir el planeta y bombear los cielos demasiado llenos de cenizas para la luz solar, también podrían ser causados por el desplazamiento de las propias placas terrestres sin una fuerza externa.

En los últimos años ha habido un gran revuelo en los medios de comunicación con respecto a las erupciones solares y la posibilidad de que los polos magnéticos se desplacen. Las erupciones solares son temidas principalmente por sus propiedades radiactivas y sus posibles efectos nocivos en la electrónica. Una de las más recientes ocurrió en 2003 y como el mundo no ha notado ningún cambio al que pueda haber contribuido, es poco probable que otra destruya el planeta.

Los polos magnéticos cambian constantemente y la principal preocupación es que se voltearán por completo; lo que genera dificultades para los animales migratorios y cualquier otra cosa que dependa del magnetismo del planeta. Nadie sabe con certeza si alguna de estas cosas acabará con el mundo, pero están en la lista de posibilidades.

· · ·

También hay una gran cantidad de preocupaciones atribuidas al egoísmo o la ignorancia de la humanidad: la superpoblación, una gran hambruna, la contaminación masiva y la guerra nuclear también han estado agitando las mentes de las personas preocupadas por el fin de los días. Ejemplos de cómo estas ideas pueden atrapar las mentes de las masas incluyen Y2K y 2012.

Durante algún tiempo se creyó que el comienzo del nuevo milenio crearía un caos incalculable debido a un mal funcionamiento de la computadora, lo que incitaría a la gente a creer que sería el fin del mundo tal como lo conocían. Tal vez esto pueda contribuir a la antigua preocupación que el hombre ha tenido por la tecnología, especialmente evidente durante los tiempos de la Revolución Industrial y que ha continuado desde entonces.

No se puede decir lo mismo de la casi histeria que atravesó el mundo a medida que se acercaba el 2012. Se corrió la voz sobre el calendario maya que terminaba el 21 de diciembre de 2012 y resultó en una multitud de documentales, artículos académicos y noticias en todo Estados Unidos. Esto parece prestarse al hecho de que los humanos se sienten atraídos por la idea del fin.

2

El libro de la revelación

Durante la vida de Jesucristo, muchas personas vivían sumamente convencidas de que se encontraban en el fin de los tiempos y que el juicio era inminente. Juan el Bautista promulgó un mensaje apocalíptico proclamando el advenimiento del nuevo Reino de Dios en Lucas 3:9 – *"El hacha ya está puesta a las raíces de los árboles; por tanto, todo árbol que no dé buen fruto será cortado y echado al fuego"*. Incluso Jesucristo ha sido retratado como "un profeta apocalíptico judío del primer siglo del nuevo milenio" por algunos eruditos bíblicos contemporáneos, principalmente Bart Ehrman.

A partir de esta tradición, el fin del mundo se describe con horribles detalles en el libro más controvertido y más incomprendido del Nuevo Testamento: El Apocalipsis de Juan.

El término "revelación" deriva del latín y significa "desvelar" o "revelar" la verdad. En el contexto del Apocalipsis, esta verdad se relaciona con eventos revelados por una fuente sobrenatural. Como lo hemos mencionado en el primer capítulo, una preocupación casi obsesiva por cuándo, cómo y por qué el mundo llegará a su fin ha sido una característica particularmente duradera de la mente occidental.

A lo largo de la historia occidental, el Apocalipsis ha servido como plataforma para todo tipo de interpretaciones y proyecciones, y ha proporcionado molienda a los molinos de innumerables profetas del fin del mundo. De hecho, las expectativas del fin de los tiempos están entretejidas en el bordado de la civilización occidental, como lo demuestra la iconografía religiosa de la Europa medieval y la cultura popular de nuestro tiempo.

Actualmente, muchos cristianos en los Estados Unidos abrazan la noción de un "Cristo apocalíptico" porque está orientado hacia el futuro, proclamando la segunda venida de Jesús y la inminencia del juicio final. Para el

El Apocalipsis

ferviente creyente cristiano, el libro del Apocalipsis contiene profecías sobre el futuro, la mayoría de las cuales son aterradoras, con pasajes que equivalen a sangrientas fantasías de venganza y hablan de la aniquilación de los enemigos de Dios.

Estos eventos se describen como precursores inevitables de un reino milenario de gobierno recto.

Se predice que Jesucristo descenderá del cielo con la apariencia de un rey guerrero, llevando a un ejército de santos y mártires resucitados a la victoria sobre las hordas demoníacas del Anticristo en la batalla final del Armagedón. Curiosamente, los aspectos de la bondad amorosa de Cristo, tan enfatizados en los Evangelios, son prácticamente inexistentes en Apocalipsis, un texto que abunda en rabia, represalias y resentimiento. Además, Apocalipsis está escrito en un lenguaje inusualmente críptico repleto de acertijos, metáforas y símbolos.

En el libro del Apocalipsis, las esperanzas del fin del mundo de la comunidad cristiana primitiva encuentran su expresión más clara y completa.

. . .

El apocalipsis no era un fenómeno nuevo entre los cristianos pues era una creencia bien establecida entre los judíos, quienes sostenían que la venida del reino de Dios no se produciría por una transformación gradual sino por una intervención repentina, cuando Dios terminaría la era presente y establecería su reino en el mundo creado nuevo.

Esta concepción de los eventos venideros está asociada con la creencia de que antes de este tiempo futuro, la lucha entre las fuerzas del bien y el mal se volverá más intensa. A medida que los poderes del mal se fortalezcan, infligirán persecución y, en algunos casos, incluso la muerte a quienes sigan un curso de rectitud. La lucha eventualmente alcanzará un clímax, momento en el cual Dios intervendrá, destruirá las fuerzas del mal y establecerá un nuevo orden en el que los justos vivirán para siempre. La aparición del Mesías coincidirá con la llegada de estos eventos.

Cuando los miembros de la comunidad cristiana afirmaron su creencia de que Jesús crucificado era el Mesías largamente esperado, necesariamente revisaron su comprensión sobre la obra que Jesús iba a hacer y especialmente la forma en que se completaría su obra. Debido a que estaban convencidos de que la obra del Mesías debía terminar en triunfo y gloria, creían que este fin sólo podría lograrse mediante el regreso de Jesús a esta tierra desde el cielo al que había ascendido. Esta segunda venida, que ocurre en el momento en que se llevarán a cabo todos los eventos relacionados con el programa apocalíptico, inaugurará la llegada de la nueva era, así como la destrucción final de todas las fuerzas del mal.

Con el paso del tiempo, muchos cristianos, especialmente aquellos que estaban sufriendo persecución a manos del gobierno romano, se preocuparon profundamente por cuánto tiempo pasaría antes de que ocurrieran estos eventos. Hacia el final del primer siglo de la era cristiana, el culto al emperador estaba bastante bien establecido, no solo en la ciudad de Roma sino en las regiones periféricas que formaban parte del imperio. Cuando los cristianos se negaron a adorar al emperador, fueron acusados de todo tipo de delitos y sometidos a las penas más severas, algunos de ellos sufrieron el martirio antes que negar su fe.

. . .

Fue un momento crítico para todo el movimiento cristiano, y muchos de sus miembros se preguntaron si la persecución terminaría alguna vez, mientras que otros estaban perplejos sobre el rumbo que debían seguir; algunos incluso se sintieron tentados a abandonar su fe o al menos a hacer concesiones a Roma suficientes para que pudieran salvar sus vidas.

En estas condiciones, un cristiano llamado Juan escribió Apocalipsis, dirigiéndolo a las siete iglesias que estaban en Asia Menor. El propósito del libro era fortalecer la fe de los miembros de estas iglesias dándoles la seguridad de que la liberación de los poderes malignos desplegados contra ellos estaba cerca.

Juan estaba seguro de que el gran día de la intervención divina ocurriría dentro de un tiempo comparativamente corto, pero de acuerdo con la literatura apocalíptica con la que los cristianos judíos estaban familiarizados, sabía que muchos eventos aterradores ocurrirían primero. Quería advertir a sus hermanos cristianos acerca de estos eventos y así prepararlos para el momento en que su fe se vería sometida a una prueba más severa que cualquier otra cosa que hubieran experimentado hasta ahora.

. . .

Al escribir Apocalipsis, Juan sigue el patrón que se usó en los escritos apocalípticos más antiguos del Antiguo Testamento (como el Libro de Daniel en el Antiguo Testamento, 1 Esdras en los Apócrifos, el Libro de Enoc en los Pseudoepígrafos, la Asunción de Moisés) y muchos otros escritos bien conocidos, incluidas secciones del Libro de Ezequiel en el Antiguo Testamento y porciones de los Evangelios sinópticos. En todos estos escritos, los eventos parecen haber sido predichos mucho antes de que realmente tuvieran lugar.

Las revelaciones suelen ser a través de sueños o visiones en las que los acontecimientos venideros están simbolizados por figuras extrañas, cuyos significados a veces son revelados por un mensajero angelical que fue enviado con ese propósito en particular.

Los apocalipsis se produjeron en tiempos de crisis, y fueron escritos para el beneficio de personas que estaban sufriendo penurias y privaciones en el momento particular en que se hizo la escritura.

Al comienzo de Apocalipsis, Juan nos dice que mientras estaba en la isla de Patmos, donde fue desterrado debido a su fe religiosa, escuchó una voz fuerte que le decía que escribiera lo que veía y luego que enviara la escritura a las siete iglesias en Asia. La voz era la de Jesucristo, quien había sido levantado de entre los muertos y había ascendido al cielo.

Los mensajes de Cristo están dirigidos a siete ángeles, cada uno de los cuales es el guardián de una iglesia en particular: Éfeso, Esmirna, Tiatira, Pérgamo, Sardis, Filadelfia y Laodicea. Cristo elogia a estas iglesias por las buenas obras que han realizado, pero para cinco de ellas, también envía un mensaje de advertencia y reprensión.

Es especialmente crítico con quienes toleran las doctrinas de los nicolaítas, cuyas enseñanzas considera una verdadera amenaza para la comunidad cristiana porque aprueban la práctica de comer carne obtenida de animales que han sido utilizados como sacrificios a los ídolos.

Aunque el apóstol Pablo y otros cristianos sostenían que esta práctica no era un asunto de vital importancia y que a todos se les debería permitir seguir los dictados de su propia conciencia, aparentemente Juan no compartía esta actitud. Según él lo entendía, la prueba crucial para todos los cristianos, como lo era para los judíos, era la estricta obediencia a todas las leyes, y las reglas relativas a la comida prohibida no son una excepción. Aunque pueda parecer relativamente poco importante, las actitudes de las personas hacia asuntos de este tipo indican la forma en que se comportarán con asuntos de mayor peso.

Cristo elogia en el texto a aquellas iglesias cuyos miembros han soportado persecución y, en algunos casos, incluso la muerte en lugar de declarar su lealtad a los gobernantes romanos, quienes proclamaron su propia divinidad y exigieron que fueran adorados junto con los demás dioses del Imperio. Se refiere a Pérgamo como el hogar de Satanás, ya que fue en este lugar donde el culto de adoración al emperador fue particularmente fuerte.

También, advierte a los cristianos que esperen que sus persecuciones sean aún más severas en el futuro inmediato. Sin embargo, les recuerda que deben permanecer fieles y considerar estas aflicciones como pruebas de su carácter.

. . .

Aquellos que permanezcan leales serán librados de las manos de sus enemigos, y en el nuevo orden de cosas que pronto se establecerá, se les dará una corona de vida y la seguridad de que el nuevo orden durará para siempre.

Las persecuciones que están teniendo lugar ahora durarán poco tiempo, porque la hora del juicio de Dios está cerca.

Siguiendo los mensajes de Cristo a las siete iglesias, Juan describe los siete sellos, rollos en los que está escrito un relato de los eventos que están por suceder. Se dice que Cristo resucitado, a quien se hace referencia como el Cordero de Dios, es el único que se considera digno de abrir los sellos.

Cuando se abre el primer sello, aparece un caballo blanco, cuyo jinete sale a conquistar. Se abren otros sellos y aparecen tres caballos más, uno rojo, uno negro y uno pálido, en rápida sucesión.

. . .

Estos cuatro caballos y sus respectivos jinetes simbolizan los conflictos que marcarán el inicio de la destrucción final del Imperio Romano.

Cuando se abre el quinto sello, a Juan se le permite mirar las almas de aquellos que, en medio de su angustia, claman: *"¿Hasta cuándo, Señor Soberano, santo y verdadero?, ¿hasta que juzgues a los habitantes de la tierra y vengues nuestra sangre?"* Se les dice que las fuerzas de destrucción están a punto de ser desatadas en el mundo, y es posible que tengan que soportar un tormento aún mayor, pero si son fieles a pesar de todo, estarán entre los redimidos cuyos nombres están escritos en el libro de la vida.

Siguiendo la visión de Juan de los desastres inminentes que pronto serán infligidos al mundo, la escena cambia, y se les dice a cuatro ángeles que representan los cuatro vientos del cielo que retengan estos vientos hasta que los siervos de Dios hayan tenido sellos en sus frentes. Juan luego revela el número de los sellados. Haciendo una analogía entre las doce tribus del antiguo Israel y la comunidad cristiana considerada ahora como el nuevo Israel, da el número de 144.000, o 12.000 de cada una de las tribus de Israel.

. . .

Antes de que se complete la apertura de los sellos, se revela otra serie de desastres en la aparición de siete ángeles, cada uno con una trompeta.

El toque de estas trompetas anuncia catástrofes físicas como la llegada de un gran terremoto, la transformación de los ríos en sangre y el oscurecimiento del sol y la luna, así como la caída de las estrellas del cielo. Después de estos fenómenos físicos, que ciertamente serán espantosos, la ira de Dios recaerá más directamente sobre los que persiguen a los miembros de la comunidad cristiana. Antes de describir la forma de esta visitación, Juan identifica el poder ahora conferido al emperador romano con un ser maligno que, a lo largo de los siglos, ha estado en guerra contra las fuerzas de la justicia.

Este ser maligno no es otro que Satanás, el archienemigo de Dios, que ahora está haciendo un esfuerzo supremo para destruir a los justos de la faz de la tierra, es el Dragón que lanzó una rebelión contra Dios. Juan nos dice que "hubo guerra en el cielo" cuando Miguel y sus ángeles lucharon contra el Dragón y sus ángeles. El resultado del conflicto fue que el Dragón fue arrojado del cielo y un tercio de los ángeles fueron arrojados con él.

Este mismo Dragón trabajó a través del Rey Herodes en un intento de destruir al niño Jesús tan pronto como nació y su trabajo ha continuado desde entonces y, según Juan, durante las épocas de persecución se encontraba tratando de lograr su propósito trabajando a través del emperador romano.

Su carácter malvado se manifestaba en las crueles persecuciones que eran infligidas a los cristianos.

Al caracterizar este poder que ahora parece estar ganando dominio sobre el mundo, Juan recurre a las imágenes utilizadas en el Libro de Daniel para describir al gobernante inicuo que trató de obligar a los judíos a someterse. El autor del Libro de Daniel usa el símbolo de una gran y terrible bestia que tiene siete cabezas y diez cuernos. De igual manera, Juan usa una bestia para representar al emperador romano, cuya imagen estaba estampada en las monedas usadas en el imperio.

. . .

En un momento dado, Juan es bastante específico en su identificación del simbolizado por la bestia. Él dice: *"Esto requiere sabiduría. Si alguien tiene perspicacia, que calcule el número de la bestia, porque es el número del hombre. Su número es 666"*. Juan aparentemente se está refiriendo al emperador romano, pero también está personificando las fuerzas del mal, y su condena del emperador se debe al hecho de que Juan creía que Satanás estaba encarnado en las acciones del imperio, porque Satanás y el imperio estaban vinculados bajo el objetivo de lograr un propósito común.

Cuando Juan predice que el final se acerca, describe a los ángeles del cielo llorando a gran voz.

Aparecen tres ángeles, el primero anuncia que ha llegado la hora del juicio de Dios, el segundo clama que ha caído Babilonia, que se usa como símbolo de Roma, y el tercero describe el terrible destino de los que adoran a la bestia o a su imagen. Como castigo final, estos adoradores falsos son arrojados a un lago de fuego, donde serán destruidos para siempre.

Luego aparecen siete ángeles más, cada uno con un cuenco, cuyo contenido simboliza la ira de Dios a punto de ser derramada en forma de las siete últimas plagas. Las plagas dañarán a los malvados de la época de Juan, tal como una serie de plagas dañaron a los antiguos egipcios antes del tiempo en que los israelitas fueron liberados de su esclavitud.

Cuando el primer ángel derrama su copa sobre la tierra, aparecen llagas inmundas y malignas en los hombres que llevan la marca de la bestia y adoran su imagen.

Cuando el segundo ángel derrama su cuenco sobre el mar, éste se convierte en sangre y todo lo que vive en él muere. Se producen catástrofes de naturaleza similar cuando los ángeles restantes vacían sus cuencos.

En el texto de Juan, los grandes eventos catastróficos que ponen fin a todos los reinos de la tierra también serán la ocasión para el regreso de Cristo en las nubes del cielo. Cuando Cristo se acerque a la tierra, los inicuos serán asesinados por el resplandor de su venida. Por un periodo de mil años, Satanás será atado y la tierra estará desolada, y durante este tiempo, los justos estarán seguros en la ciudad de Dios, que es la nueva Jerusalén.

. . .

Al final de los mil años, la ciudad de Dios descenderá a la tierra. Entonces los malvados serán resucitados de entre los muertos, y después de intentar derrocar la ciudad de Dios, serán destruidos en lo que Juan nos dice que es la segunda muerte. Los capítulos finales de Apocalipsis presentan una descripción resplandeciente de la nueva Jerusalén con sus calles de oro, sus muros de jaspe, sus puertas de perla y el río de vida, que fluirá eternamente desde el trono de Dios. En esta morada celestial, no existirá dolor ni llanto, porque Dios enjugará todas las lágrimas y no habrá más muerte.

El Apocalípsis de Juan es el único libro del Nuevo Testamento que afirma que Juan es su autor. Para el momento en el que los escritos que ahora se incluyen en el Nuevo Testamento se reunieron en su forma actual, también se atribuyeron a Juan tres cartas y un evangelio.

Pero en el caso de estos escritos, el nombre del supuesto autor fue agregado en una fecha posterior, y sus respectivos contenidos indican que no fueron escritos por el mismo Juan que escribió Apocalipsis.

· · ·

El Libro del Apocalipsis a menudo se ha considerado un libro misterioso, bastante más allá de la comprensión del lector laico promedio. Sus muchas referencias a seres angelicales, su descripción elaborada de Cristo tal como aparece en las cortes celestiales, su uso de números místicos como tres, siete, doce y sus múltiplos, los relatos de bestias extrañas, nombres simbólicos y periodos de tiempo definidos… todos sugieren algún significado oculto y esotérico que supuestamente solo puede ser detectado por un experto.

Por estas razones, muchas personas han ignorado el libro, sintiendo que cualquier intento de entenderlo es inútil.

Otras personas han adoptado una actitud opuesta y han encontrado en este libro lo que creen que son predicciones de toda una serie de eventos, muchos de los cuales ya han ocurrido y el resto de los cuales están a punto de ocurrir en un futuro próximo.

· · ·

La base de estas opiniones, muchas de las cuales suenan extrañas y fantásticas, se encuentra en el elaborado simbolismo utilizado en el libro.

El uso de símbolos tiene un lugar importante en la literatura religiosa, porque no hay otra forma en la que una persona pueda hablar o incluso pensar sobre aquello que está más allá del ámbito de la experiencia humana finita.

Pero siempre existe el peligro de que los símbolos se interpreten de una manera que no fue intencionada por el autor que los utilizó. Solo con respecto al contenido en el que se utilizan los símbolos podemos determinar lo que quiso decir el autor.

Una fuente de confusión ha sido el resultado de no poder distinguir entre escritura profética y escritura apocalíptica. Los profetas utilizaron una forma literaria particular en la que expresaron sus mensajes mientras que los escritores apocalípticos utilizaron una forma literaria diferente, una que se adaptaba mejor al propósito particular que tenían en mente. Para entender a cualquiera de los grupos, uno debe interpretar sus escritos considerando la forma literaria respectiva que usaron.

Las características de la escritura apocalíptica son bastante conocidas. Además del Libro de Daniel y el Libro del Apocalipsis, existe una gran cantidad de escritos apocalípticos en los Apócrifos y Pseudoepígrafos del Antiguo Testamento. Un estudio cuidadoso de estos escritos muestra que tienen una serie de características comunes: fueron producidos en tiempos de crisis, describen el conflicto entre las fuerzas del bien y del mal, los acontecimientos futuros se dan a conocer a través de sueños y visione, el fin del conflicto llegará en breve y a los que permanecen fieles a través de la persecución y la prueba se les promete una recompensa en el reino mesiánico que pronto se establecerá. Los mensajes son en beneficio de los perseguidos y generalmente se transmiten mediante símbolos que solo los fieles pueden entender.

Interpretado a la luz de estas características, el Apocalípsis de Juan es comparativamente fácil de entender. En muchos aspectos, es el menos original de todos los escritos del Nuevo Testamento: en su estilo de escritura, el número y tipo de símbolos que se utilizan, y el propósito para el que fue escrito, el libro sigue de cerca el precedente establecido en los escritos apocalípticos más antiguos. La característica única de Apocalipsis es la ocasión particular que hizo que se escribiera.

Hacia el final del primer siglo de la era cristiana, la actitud del gobierno romano hacia el cristianismo se volvió especialmente hostil. Nerón, el emperador romano, acusó a los cristianos de la quema de Roma. Aunque la acusación era falsa, fue suficiente para hacer que muchas personas miraran con sospecha el nuevo movimiento cristiano.

Tanto a los judíos como a los romanos les molestaba el hecho de que los cristianos condenaran tantas de las cosas que estaban haciendo, y les disgustaba especialmente la creencia de los cristianos de que su religión era superior a las religiones más antiguas que habían sido honradas durante siglos. Los cristianos a menudo celebraban sus reuniones en lugares secretos y sus críticos se imaginaban que estaban haciendo todo tipo de maldades. Fue fácil hacer circular rumores de este tipo y, junto con otras cosas, se acusó a los cristianos de conspirar contra el gobierno romano.

. . .

El Apocalipsis

A medida que la oposición al cristianismo se hizo más intensa, se pidió a los seguidores del nuevo movimiento que demostraran su lealtad al gobierno romano denunciando a Cristo y adorando la estatua del emperador. Cuando se negaron a hacer esto, fueron torturados e incluso ejecutados.

En estas condiciones, se escribió el Apocalipsis de Juan. Sería difícil imaginar algo más apropiado para los miembros de las iglesias cristianas en ese momento. Necesitaban ánimo y la seguridad de que sus pruebas terminarían pronto, que los poderes malignos de la tierra serían destruidos y que el triunfo de la justicia se establecería en el mundo. El mensaje del Apocalípsis estaba destinado a este tiempo y conjunto de circunstancias en particular.

Los cristianos familiarizados con los escritos apocalípticos más antiguos entenderían el simbolismo del libro, porque prácticamente todo lo que Juan dijo a sus contemporáneos se dijo antes a personas que sufrieron en circunstancias similares. Es un error suponer que Juan estaba prediciendo eventos que tendrían lugar en los últimos siglos de la historia cristiana. Al escribir a la gente de su época sobre los acontecimientos que sucederían mientras aún vivían, afirma que Cristo regresará mientras los que le dieron muerte en la cruz aún vivan. El significado permanente de Apocalipsis radica en la convicción del autor de que el derecho finalmente triunfará sobre el mal.

3

Ragnarok

RAGNAROK ES la destrucción catastrófica del cosmos y todo lo que hay en él, incluso los dioses. Como la mitología nórdica se considera un conjunto cronológico de cuentos, la historia de Ragnarok naturalmente nos lleva al final de un todo. Para los vikingos, el mito de Ragnarok era una profecía de lo que vendría en algún momento no especificado y desconocido en el futuro, pero tenía profundas ramificaciones sobre cómo los vikingos entendían el mundo en su propio tiempo. Exploraremos algunas de esas ramificaciones a continuación.

La palabra "Ragnarok" proviene del nórdico antiguo Ragnarök, que significa "destino de los dioses". En un aparente juego de palabras, algunas piezas de la literatura nórdica antigua también se refieren a esta palabra como Ragnarøkkr, "el crepúsculo de los dioses".

El evento también se conoció ocasionalmente como aldar rök, "destino de la humanidad" y una serie de otros nombres dentro de la misma idea.

La historia refiere que algún día, siempre que las Nornas (esos inescrutables hilanderos del destino) lo decreten, llegará un Gran Invierno (antiguo fimbulvetr nórdico, a veces traducido al inglés como fimbulwinter) que no será como ningún otro que el mundo haya visto hasta ese momento.

Los fuertes vientos soplarán nieve de todas direcciones, y el calor del sol fallará, sumergiendo la tierra en un frío sin precedentes.

Este invierno tendrá una duración de tres inviernos normales, sin veranos intermedios. La humanidad se volverá tan desesperada por obtener comida y subsanar otras necesidades básicas, que todas las leyes y la moral se desvanecerán, dejando solo la lucha por la supervivencia.

. . .

Será una época de espadas y hachas; el hermano matará al hermano, el padre matará al hijo y el hijo matará al padre.

Los lobos Skoll y Hati, que han cazado al sol y la luna a través de los cielos desde el principio de los tiempos, por fin atraparán a su presa. Las estrellas también desaparecerán, dejando nada más que un vacío negro en los cielos.

Yggdrasil, el gran árbol que mantiene unido el cosmos, temblará y todos los árboles e incluso las montañas caerán al suelo.

La cadena que ha estado reteniendo al monstruoso lobo Fenrir se romperá, y la bestia correrá libre. Jormungand, la serpiente poderosa que habita en el fondo del océano y rodea la tierra, se levantará de las profundidades, derramando los mares por toda la tierra al tocar tierra.

Estas convulsiones harán que el barco Naglfar se libere de sus amarres. Este barco, que está hecho con las uñas de las manos y los pies de hombres y mujeres muertos, navegará fácilmente sobre la tierra inundada. Su tripulación será un ejército de gigantes, las fuerzas del caos y la destrucción. Y su capitán no será otro que Loki, el traidor de los dioses, que se habrá liberado de las cadenas con las que los dioses lo han atado por años.

Fenrir, el lobo con fuego ardiendo en sus ojos y fosas nasales, correrá por la tierra, con su mandíbula inferior en el suelo y su mandíbula superior contra la parte superior del cielo, devorando todo a su paso. Jormungand escupirá su veneno sobre todo el mundo, envenenando la tierra, el agua y el aire por igual.

La cúpula del cielo se partirá y de la grieta emergerán los gigantes de fuego de Muspelheim, su líder será Surt, con una espada de fuego más brillante que el sol en su mano.

Mientras marchan a través del Bifrost, el puente arcoíris que lleva hacia Asgard, el hogar de los dioses, el puente se romperá y caerá detrás de ellos.

. . .

El Apocalipsis

Sonará un siniestro cuerno, que será soplado por Heimdall, el centinela divino, quien hará sonar el Gjallarhorn para anunciar la llegada del momento que los dioses tanto han temido. Odin consultará ansiosamente a la cabeza de Mimir, el más sabio de todos los seres, en busca de consejo.

Los dioses decidirán ir a la batalla, aunque saben lo que han predicho las profecías sobre el resultado de este enfrentamiento.

Se armarán y se encontrarán con sus enemigos en un campo de batalla llamado Vigrid, que en el nórdico antiguo recibía el nombre de Vígríðr y significa "llanura donde surge la batalla".

Odin luchará contra Fenrir, y a su lado estará el ejército einherjar, el grupo de sus guerreros humanos elegidos, fallecidos en batalla, a quienes ha mantenido en Valhalla solo para este momento y que, en conjunto, conforman a un gran ejército de un solo hombre. Odin y estos luchadores extraordinarios antes muertos en batalla, lucharán con más valentía que nadie antes. Pero no será suficiente.

. . .

Fenrir se tragará a Odin y sus hombres. Entonces uno de los hijos de Odín, Vidar, ardiendo de rabia, cargará a la bestia para vengar a su padre. En uno de sus pies estará el zapato que ha sido elaborado para este mismo propósito; se ha hecho con todos los trozos de cuero que los zapateros humanos hayan desechado alguna vez, y con él Vidar mantendrá abierta la boca del monstruo. Luego apuñalará su espada a través de la garganta del lobo, matándolo.

Otro lobo, Garm y el dios Tyr se matarán entre sí. Heimdall y Loki harán lo mismo, poniendo fin a la traición del embaucador, pero costando a los dioses uno de sus mejores protectores en el proceso. El dios Freyr y el gigante Surt también serán el final el uno del otro. Thor y Jormungand, esos viejos enemigos, finalmente tendrán la oportunidad de matar al otro: Thor logrará derribar a la gran serpiente con los golpes de su martillo, pero la serpiente lo habrá cubierto de tanto veneno que no podrá aguantar mucho más.

El dios dará nueve pasos antes de caer muerto él mismo y agregar su sangre al suelo ya saturado de Vigrid.

. . .

El Apocalipsis

Entonces los restos del mundo se hundirán en el mar y no quedará nada más que el vacío. La creación y todo lo que ha ocurrido desde entonces se deshará por completo, como si nunca hubiera sucedido.

Algunos dicen que ese es el final de la historia, y de todas las historias, de hecho. Pero otros sostienen que un mundo nuevo, verde y hermoso, surgirá de las aguas.

Vidar y algunos otros dioses, Vali, Baldur, Hodr y los hijos de Thor, Modi y Magni, sobrevivirán a la caída del viejo mundo y vivirán con alegría en el nuevo.

Un hombre y una mujer, Lif y Lifthrasir (Líf y Lífþrasir en el nórdico antiguo, cuyos nombres se traducen a "vida" y "lucha después de la vida"), se habrán escondido del cataclismo en un lugar llamado el "Bosque de Hoddmimir" y ahora saldrán y poblarán la exuberante tierra en la que se encontrarán. Un nuevo sol, hijo del anterior, se levantará en el cielo. Y todo esto será presidido por un nuevo gobernante todopoderoso.

. . .

Como implica lo anterior, dos versiones del mito de Ragnarok parecen estar presentes en las fuentes nórdicas. En uno de ellos, Ragnarok es el fin concreto del cosmos, y no le sigue ningún renacimiento. En el otro, hay un renacimiento. ¿Qué vamos a hacer con este conflicto?

Algunos piensan que la versión en la que no ocurre el renacimiento es la visión más antigua, más puramente pagana, y la historia del renacimiento es una adición que se desarrolló solo al final de la era vikinga bajo la influencia cristiana. El evento del Ragnarok había sido reinterpretado para describir la transformación religiosa que estaba experimentando el mundo vikingo, en la que los viejos dioses estaban muriendo, pero también estaban siendo reemplazados por algo más.

Esta teoría se sostiene bajo el hecho de que la adición del renacimiento a la historia nórdica proviene solo de tres fuentes tardías, una de las cuales dependía de las otras dos, mientras que todas las menciones anteriores de Ragnarok hablan solo de la destrucción, y nunca de algún tipo de renacimiento.

. . .

El Apocalipsis

Imagina que eres un vikingo o una vikinga. Vives en un mundo que sabes que algún día será borrado y los mismos dioses perecerán con él. No se salvará nada de valor, ni siquiera el recuerdo de algo que alguna vez haya tenido valor. ¿Cómo se ve un mundo así en el momento presente, dado que las semillas de esa destrucción final ya han sido sembradas, y el mundo avanza inexorablemente hacia ese momento decisivo final? ¿No arrojaría esto un tono oscuro de tragedia, insensatez y futilidad sobre el mundo y todo lo que ocurre en él? De hecho, es difícil escapar a la conclusión de que así era como los vikingos veían el mundo en un nivel.

Sin embargo, Ragnarok también tenía otro significado para ellos, uno que complementaba a la vez que alteraba esta trágica visión de la vida: además de ser una profecía sobre el futuro que reveló mucho sobre la naturaleza subyacente del mundo a lo largo del camino, el mito de Ragnarok también sirvió como modelo paradigmático para la acción humana. Para los vikingos, la historia no produjo tanto desesperanza como inspiración y vigor.

. . .

Así como los dioses morirán algún día, también lo hará cada ser humano individual. Y así como los dioses saldrán y enfrentarán su destino con dignidad, honor y coraje, los humanos también pueden hacerlo. Desde este punto de vista, la inevitabilidad de la muerte y la desgracia no debería paralizarnos, sino que debería incitarnos a mantener actitudes nobles y realizar actos nobles, el tipo de actos dignos de ser contados por los bardos muchas generaciones después de que nosotros mismos nos hayamos ido.

La historia apocalíptica de Ragnarok muestra la batalla entre dioses, con graves consecuencias tanto para los humanos como para los dioses. Los humanos son el 'daño colateral' en esta guerra, al igual que en la mitología hindú. Esto distingue a Ragnarok del apocalipsis cristiano, en el que los humanos son castigados por no ser leales y fieles a Dios.

4

Acharit Hayamim

En la Biblia hebrea, si alguien hace una predicción que contenga la expresión be-acharit hayamim, probablemente sea una profecía inspirada por Dios. Este modismo conjunto lingüístico aparece 15 veces en la Biblia hebrea, ocho veces en un discurso atribuido a Dios o un ángel de Dios, y siete veces en un discurso de alguien con quien sabemos que Dios ha estado hablando: Jacob, Bilam, Moisés, Isaías, Daniel.

La primera parte, be-acharit, refiere a lo final, al después, a obtener un resultado, presenciar algo en el futuro (de achar = después); y, por su parte, hayamim significa, literalmente, los días, y como modismo refiere a un largo periodo de tiempo o una era.

. . .

Es así que be-acharit hayamim significa, de manera literal, "al final de los días"; sin embargo, en su conjunto refiere a un suceso en un futuro lejano, como un resultado a largo plazo. La mayoría de las profecías de be-acharit hayamim tratan sobre el futuro del pueblo de Israel y describen eventos que sucedieron hasta la construcción del segundo templo en Jerusalén en el siglo V a. C. y, de hecho, las profecías sobre reinos vecinos predicen eventos en el mismo periodo de tiempo.

Una de las profecías de Moisés sobre los israelitas aparece en la porción de la Torá, Vayeilekh ("Y él fue"), en el Deuteronomio/Devarim 31:29

"Porque sé que después de mi muerte, ciertamente irán a la ruina, y se desviarán del camino que les ordené, e invocarán el mal sobre ustedes mismos, be-acharit hayamim; porque harás lo malo a los ojos de Dios, ofendiendo [a Dios] con las obras de tus manos."

En esta parte de la Torá, Moisés se detiene en esa nota sombría. Pero antes, en el libro de Deuteronomio, Moisés dice lo que sucederá después. Después de que los israelitas hayan vuelto a la adoración de ídolos y a hacer el mal a los ojos de Dios, otras naciones los derrotarán y los israelitas restantes sufrirán el exilio. Pero entonces los exiliados volverán a buscar a Dios.

Es por esto que en el Deuteronomio 4:30, se encuentra lo siguiente: *"cuando estés angustiado y todas estas cosas te hayan encontrado, be-acharit hayamim, volverás a Dios, tu dios, y escucharás Su voz"*.

Otras dos profecías sobre el futuro de los israelitas continúan prediciendo el futuro de toda la humanidad. Una profecía de nuestro futuro último aparece en el libro de Isaías y se cita en Miqueas; el otro comprende los últimos tres capítulos del libro de Daniel. Las dos predicciones son mutuamente excluyentes y todavía no ha ocurrido ningún curso de los acontecimientos.

En la profecía de Isaías (2: 2-4) se lee que sucederá, be-acharit hayamim, el monte de la casa de Dios se mantendrá firme en la cabecera de los montes, y se elevará sobre los collados; y todas las naciones serán un río.

· · ·

Y muchos pueblos subirán al monte de Dios, a la casa del dios de Jacob, con el objetivo de que Dios les enseñe sus caminos... y convertirán sus espadas en rejas de arado, y sus lanzas en podaderas; nación no alzará espada contra nación, y no aprenderán más la guerra.

Este pasaje del libro de Isaías es una de las bases de la opinión mayoritaria en el comentario judío de que el futuro último del mundo es la "era mesiánica", una época en la que el mundo entero vivirá en paz, bajo la supervisión de un descendiente del rey David. Este líder será llamado el moshiach, es decir, el ungido, pero a diferencia del mesías cristiano, será un ser humano justo que eventualmente será ungido como rey.

El mundo seguirá con las mismas leyes naturales; la única diferencia es que todos los seres humanos se comportarán bien y seguirán al mismo dios. El último capítulo de Daniel, sin embargo, es un precursor del libro cristiano del Apocalipsis, e insinúa el fin del mundo y de la ley natural.

Daniel tiene una visión y se desmaya; luego una mano lo estrecha, y cuando Daniel se pone de pie, se da cuenta de que un ángel le habla, diciendo: *"vengo para hacerles comprender lo que está convocando a su pueblo be-acharit hayamim, porque hay otra visión para la era"*. Así, el ángel comienza prediciendo que Persia derrotará a Egipto en una larga guerra, pero luego será invadida por otros pueblos del noreste, lo que pondrá a los israelitas en una situación desesperada y solo algunos de ellos escaparán a un lugar seguro.

La siguiente frase es misteriosa: *"y muchos de los que duermen en la tierra polvorienta serán despertados: éstos para vida eterna, y otros para desgracia eterna y abominable"*. Daniel le pide al ángel una aclaración, pero el ángel se niega a dar explicaciones. Se termina el libro con el ángel diciendo: *"pero tú, ve al keitz; luego descansarás, y luego te pondrás de pie para que se te asigne tu destino en el keitz hayamim"*.

El keitz refiere a un fin, límite o el punto más lejano; mientras que keitz hayamim quiere decir "el límite de tiempo más lejano". El ángel de Daniel parece cambiar de hablar sobre eventos futuros durante el transcurso del tiempo (be-acharit hayamim), al fin de los tiempos para este mundo (keitz hayamim). Esta es la única aparición en la Biblia hebrea de la frase keitz hayamim.

. . .

También puede ser la primera predicción escrita de una resurrección de los muertos combinada con un juicio final que enviará a las personas al cielo o al infierno.

Esta idea no tuvo mucha aceptación en el judaísmo, al menos no hasta muchos siglos después, cuando los judíos vivían en la diáspora entre los cristianos medievales. Pero debe haber influido en el libro cristiano de Apocalipsis.

La profecía de Isaías sobre el futuro de la humanidad es optimista pues indica que los humanos pueden cambiar drásticamente para bien. No se requerirán milagros sobrenaturales para que todos los pueblos del mundo adopten al mismo dios (o lo que es más importante, los mismos valores) y dejen de hacer la guerra.

La profecía final en el libro de Daniel es pesimista, asume que la gente buena del pasado debe resucitar para llevar a la gente del presente al conocimiento y la justicia, y que incluso entonces, los reyes continuarán haciendo la guerra, mintiendo y engrandeciéndose, y los malvados seguirán actuando con maldad. Solo un juicio final sobrenatural resolverá el problema.

Algunas personas todavía esperan una era mesiánica, como en la profecía de Isaías. Algunos todavía anticipan el apocalipsis insinuado en Daniel. Incluso sin hacer referencia a una Biblia, las personas que reflexionan sobre el futuro del mundo pueden dividirse en dos campos.

Algunas personas creen que el nivel ético de la humanidad continuará mejorando, lo suficientemente rápido para que podamos salvar nuestra tierra contaminada, así como a nosotros mismos. Otros creen que nunca nos pondremos en marcha a tiempo.

Mientras tanto, las dos profecías de Moisés sobre el futuro de los israelitas se pueden aplicar a la iluminación individual. Algunos fieles creyentes encuentran a Dios en conexión con sus almas o psiquis individuales, pues comenzaron a reemplazar a "Dios" con la palabra "alma", y a reformular las oraciones para el momento presente.

. . .

Esta manera de entender las profecías, cambia el significado literal del Deuteronomio 31:29, señalando que después de la pérdida de su Rebe/gurú/ mentor, es posible desviarse del camino y, como resultado, obtener malas consecuencias, pues las personas harán lo que su propia alma sabe que está mal, y ofenderán a su alma con sus malas acciones.

Así, cuando estén angustiados y hayan sucedido todas estas malas consecuencias, como resultado a largo plazo de desviarse del buen camino, volverán a su alma interior y escucharán su propia voz.

En Timoteo 3:1, se menciona *"pero debes saber esto: en los últimos días vendrán tiempos peligrosos"* y este conocimiento no es opcional, ya que el verbo griego es imperativo (es decir, Τοῦτο δὲ γίνωσκε, que significa "esto debes saber").

Entonces, para poder prestar atención a este mandamiento, es necesario entender algo del lenguaje que se usa en este versículo.

. . .

La frase griega "en los últimos días" (ἐν ἐσχάταις ἡμέραις) se refiere al profetizado "fin de los días", a veces llamado acharit ha-yamim (אַחֲרִית הַיָּמִים) en hebreo. *Eschatos* (ἔσχατος) se refiere al punto final de una secuencia, indicando su resultado o expresión final. En el contexto de la carta de Pablo a su protegido Timoteo, entonces, los "últimos días" se refieren en última instancia al periodo de la Gran Tribulación (צָרָה גְדוֹלָה) justo antes de que Yeshua regrese para establecer Su Reino en Sion.

En la escatología judía tradicional, la historia humana generalmente se divide en tres épocas distintas de 2000 años: el periodo de "tohu" (יְמֵי תהוּ) ocurrió desde el momento de la caída de Adán hasta el llamado de Abraham; el periodo de la "Torá" (יְמוֹת תּוֹרָה) ocurrió desde Abraham hasta el momento de la destrucción del Segundo Templo; y así, finalmente, el periodo del "Mesías" (יְמוֹת הַמָּשִׁיחַ) se refiere al momento en que el Mesías podría aparecer antes de que se establezca el Reino en Sion.

Según muchos de los sabios, el tiempo inmediatamente anterior a la aparición del Mesías será un tiempo de prueba (nisayon) en el que el mundo sufrirá varias formas de tribulación, llamadas chevlei Mashiach (חֶבְלֵי הַמָּשִׁיחַ) - los "dolores de parto del Mesías". Algunos dicen que los dolores de parto durarán 70 años, siendo los últimos 7 años el periodo más intenso de tribulación, llamado "Tiempo de angustia de Jacob" / עֵת־צָרָה הִיא לְיַעֲקֹב.

El clímax de la Gran Tribulación se llama el gran "Día del Señor" (יוֹם־יהוה הַגָּדוֹל), que representa la ira de Dios derramada sobre un sistema mundial rebelde. En este fatídico día, el Señor sacudirá terriblemente la tierra entera y ocurrirán catástrofes mundiales, *"porque ha llegado el gran día de su ira, ¿y quién podrá resistir?"*.

El profeta Malaquías también dice: *"ciertamente viene el día; arderá como un horno. 'Todos los soberbios y todos los malhechores serán rastrojos, y ese día que viene los prenderá fuego', dice el Señor de los ejércitos, 'no les quedará ni una raíz ni una rama'"*. Solo después de que las naciones del mundo hayan sido juzgadas, se establecerá el reino mesiánico (מַלְכוּת הָאֱלֹהִים) sobre la tierra. El remanente de Israel será salvo y entonces comenzará el reinado de 1000 años del Rey Mesías.

. . .

Debemos notar que Pablo afirma que el tiempo antes del Fin de los Días sería peligroso (χαλεπός). En todo el Nuevo Testamento, el único otro lugar donde encontramos esta palabra griega es en Mateo 8:28, donde describe una feroz actividad demoníaca. De hecho, la palabra "peligroso" probablemente proviene de un verbo griego (χαλάω) que significa "bajar de un lugar más alto a otro más bajo", creando así una especie de "abismo" espiritual o grieta, lo que nuevamente sugiere que la actividad de Satanás aumentará sobre la tierra. En el "Fin de los Días", entonces, una ola de feroz actividad demoníaca aparecerá sobre la tierra que amenazará y aterrorizará a otros.

5

El destructor de mundos

Para la cultura hindú, el Avatar Kalki es la futura encarnación del Señor Vishnu, que aún está por llegar.

La historia del Avatar Kalki se menciona en Puranas, especialmente en el Srimad Bhagavad Purana y en el Kalki Purana. Es el futuro avatar de Vishnu y pondrá fin a este ciclo particular de creación.

Dado que el mundo se ha corrompido por completo con actividades adhármicas, se cree que el Avatar Kalki pondrá fin al ciclo actual del universo y, después de un lapso de oscuridad, la creación comenzará una vez más, ahora de una manera mejorada y más consciente.

En el Bhagavad Purana se dice que aparecerá en la aldea de Sambhala.

La realidad material fluye y no es permanente, pues tiene que cambiar; en otras palabras, tiene que morir y renacer. Entonces, todo lo que tiene forma y nombre tiene que finalmente marchitarse y morir para completar un ciclo. En la tradición de Vishnu, estas transformaciones de Prakriti no son al azar; están organizadas y son predecibles. Toman la forma de yugas o eras.

Así como todo organismo vivo pasa por cuatro fases de la vida: infancia, juventud, madurez y vejez, también lo hace el mundo. Kritayuga marca la infancia del mundo, Tretayuga marca la juventud, Dvapara marca la madurez del mundo y Treta, su vejez. Parashurama anuncia el final de Krita, Ram el final de Treta, Krishna el final de Dvapara y Kalki marca el final de Kaliyuga. Pralaya es muerte, muerte antes del renacimiento. Pralaya es cuando Vishnu se va a dormir, se convierte en Narayana. Pralaya es cuando Ananta se convierte en Sesha, el infinito se vuelve cero y Yogamaya se convierte en Yoga-nidra.

. . .

Vishnu reconoce así el fin del mundo, se compromete con él, incluso participa en él. Mientras que como Parashurama y Ram y Krishna, él lucha por aferrarse al dharma, a pesar de la marcha corruptora del tiempo, como Balarama y finalmente Kalki, se suelta y permite que el mundo colapse.

Esto es sabiduría, saber cuándo actuar y cuándo retirarse, saber cuándo dejar de luchar y dejar que la edad pase factura.

Kalki generalmente se representa montando a caballo con una espada desenvainada. Los rayos, los truenos, las lluvias intensas y el sol intenso se asocian con frecuencia con este avatar. Según la versión popular de la historia, el final del periodo de Kaliyuga verá incluso a los piadosos descuidar al Señor. Los sufrimientos de quienes siguen el Dharma se volverán insoportables.

Lord Vishnu aparecerá como Kalki como el hijo de Vishnuvyas en el pueblo de Sambhala. Montando un caballo blanco con una espada desenvainada, Kalki derribará al malvado y corrupto y asegurará el reinado del Dharma.

. . .

Para cuando termine el Kaliyuga (era actual según el hinduismo), los cuerpos de todas las criaturas se reducirán enormemente de tamaño y los principios religiosos de Varnasrama se arruinarán. El camino de los Vedas será completamente olvidado en la sociedad humana, y la así llamada religión será mayoritariamente atea.

La mayoría de los reyes (gobernantes) serán ladrones, la ocupación de los hombres será robar, habrá mentira y violencia innecesaria, y todas las clases sociales se reducirán al nivel más bajo; se matarán las vacas, los centros espirituales no serán diferentes de la casa mundana, los lazos familiares no se extenderán más allá de los lazos inmediatos del matrimonio.

La mayoría de las plantas y hierbas desaparecerán, las estaciones irán mal, los hogares estarán desprovistos de piedad y no habrá moralidad. En ese momento, la Suprema Personalidad de Dios aparecerá en la tierra. Actuando con el poder de la bondad espiritual pura, rescatará la religión eterna.

. . .

Kalki es el décimo y último avatar de Vishnu, visualizado como un guerrero que monta un caballo blanco y blande una espada de fuego. La historia de Kalki comienza a aparecer en las escrituras hindúes en el momento en que la India fue invadida por una gran cantidad de merodeadores extranjeros de Asia Central. Eran tribus brutales y bárbaras como los hunos y más tarde los mongoles.

La historia fue una clara respuesta a su brutalidad.

Estos nuevos invasores estaban destruyendo la antigua forma de vida y se esperaba que Vishnu, como Kalki, destruyera las nuevas formas y devolviera la vida a las antiguas. Kalki probablemente se inspiró en pensamientos mesiánicos que prevalecen en el judaísmo, el cristianismo y el islam. Él fue el libertador y el salvador.

En toda la India, hay muchos héroes populares que montan a caballo y blanden una espada como Kalki. Por tanto, es casi un dios guardián en la imaginación popular. Pero en las escrituras, él es quien cerrará el Kalpa, el ciclo mundial, para que pueda comenzar uno nuevo.

· · ·

Incluso los budistas tenían una idea similar, de un Bodhisattva del futuro, Manjushri, que arroja una espada de fuego. En la tradición budista tibetana, esta manifestación iracunda de Manjushri se llama Yamantaka. Yamantaka es un epíteto asociado con Shiva en la tradición hindú y significa el destructor de la muerte. Por lo tanto, metafísicamente, Kalki lo destruirá todo, incluso la muerte. Destruirá todas las estructuras para que no exista ninguna. En otras palabras, él anunciará Pralaya.

La idea de que las cosas terminen se repite en las tres grandes epopeyas de la India: Ramayana, Mahabharata y Bhagavata.

En el Ramayana, al final, Sita regresa a la tierra de donde vino y Ram camina hacia el río Sarayu, para nunca volver a levantarse. En el Mahabharata, al final, los Pandavas tienen que renunciar a su reino y caminar por las montañas, buscando el cielo y finalmente enfrentando la muerte.

En el Bhagavata, Krishna abandona la aldea de pastores de vacas, Vrindavan, y se dirige a la ciudad de

Mathura. Se va en un carro cuyo nombre de auriga es Akrura, uno que no es cruel. Las lecheras le ruegan a Krishna que se quede atrás, pero Krishna pasa a la siguiente fase de su vida, abandonando a sus padres, amigos y amantes. Que el auriga "no es cruel", es una clara comunicación de que uno nunca debe envidiar la marcha del tiempo. Como Yashoda, quien crió a Krishna con amor y afecto solo para verlo dejarla e irse a Mathura, todos debemos aprender a dejar ir.

En cierto modo, Akrura es Yama, el dios de la muerte, descrito en la mitología como desapasionado. Yama evoca miedo en todos nosotros, pero el propio Yama no busca asustar; no tiene sentimientos. Simplemente está cumpliendo con su deber como el que separa la realidad material de la realidad espiritual.

El viaje que comienza en el vientre de la madre termina con la llegada de Yama. En el útero de la madre, gracias a Kama, el dios del amor, la realidad espiritual interactúa y está envuelta en la realidad material. Pero llega un momento en que Yama debe desenvolver la realidad material y liberar la realidad espiritual.

· · ·

Tanto Kama como Yama son formas de Vishnu, cumpliendo con su deber, preservando el ciclo de renacimientos. Kama enciende la vida. Yama enciende la muerte. Kama asegura que la muerte no sea permanente, Yama asegura que la vida no sea permanente. Por lo general, no hay templos dedicados a Kama o Yama, pero sus imágenes a veces se ven en los templos de Vishnu.

Se representa a Kama montando un loro y sosteniendo un arco de caña de azúcar en la mano; Yama monta un búfalo y tiene en la mano un libro de cuentas, un bastón o una soga. Kama despierta los sentidos, hace que Brahma sucumba al poder de Maya; Yama se asegura de que todas las acciones sean reembolsadas, manteniendo así el libro de cuentas del Karma.

Los símbolos de Kama y Yama se encuentran en la imagen de Vishnu. Vishnu tiene en sus manos cuatro símbolos: Shankha (caracol), Chakra (rueda), Gada (maza) y Padma (loto). Shanka simboliza la comunicación, Chakra marca la rueda del tiempo, Gada la exigencia de disciplina, Padma el néctar de la alegría.

. . .

Shankha y Padma son símbolos de agua, afirman la vida y el amor y, por lo tanto, están asociados con Kama. Chakra y Gada son símbolos de fuego, afirman el ritmo de la naturaleza y las reglas de la cultura y, por lo tanto, están asociados con Yama. Juntos, Kama y Yama preservan la vida. Juntos, Kama y Yama forman Vishnu.

Un personaje poco conocido en la mitología hindú es Vadavagni, una yegua que respira fuego y se para en el fondo del océano. Esta yegua submarina hace que el agua del mar se evapore y se convierta en niebla, evitando así que el mar se desborde hacia tierra. Se dice que en el momento de Pralaya, Vadavagni dejará de hacer esto, causando que el océano se expanda y sumerja la tierra. El fuego de la yegua submarina estallará en forma de volcanes. Todo será destruido por lava y agua.

El origen de la yegua que escupe fuego es interesante.

Según una historia, Kama, el dios del amor, una vez trató de despertar el deseo en la mente de Shiva.

Shiva abrió su tercer ojo, lanzó un misil de fuego y

destruyó al dios del deseo. Pero sin deseo, el mundo no puede funcionar.

Por lo tanto, Vishnu atrapó el fuego del tercer ojo de Shiva, lo convirtió en una yegua y la escondió bajo el mar.

El caballo es un animal muy venerado en el hinduismo desde la época del Rig Vedic, aunque, extrañamente, el caballo no es un animal nativo de la India. No prospera en el subcontinente, excepto en partes de Gujarat y Rajasthan. Desde que el caballo llegó a la India desde la frontera del noroeste, junto con los comerciantes y merodeadores, la forma que monta a caballo de Vishnu, Kalki, se ha asociado con los señores de la guerra que invadieron la India en la época medieval.

Vishnu no solo monta a caballo. También se convierte en caballo. Una forma de Vishnu con cabeza de caballo que es muy venerada especialmente en el sur de la India es Hayagriva. Esta forma de Vishnu está asociada con la educación. De la cabeza del caballo surge Saraswati, diosa del conocimiento.

. . .

La mitología védica está llena de cuentos donde la sabiduría llega al mundo a través de seres con cabeza de caballo. El sol, por ejemplo, apareció con la cabeza de un caballo para revelar la sabiduría del Veda a Rishi Yagnavalkya. Rishi Dadichi reemplazó su cabeza humana con la de un caballo para poder compartir la sabiduría védica con los gemelos Ashwini.

¿Qué es esta sabiduría védica? La sabiduría védica es la comprensión de que hay más en la vida que la realidad material que se percibe a través de los sentidos. Es la sabiduría la que nos libera de las limitaciones de la naturaleza. Permite al hombre liberarse de Prakriti (realidad material) y realizar Purusha (realidad espiritual). Prakriti nos vuelve mortales e inquietos, Purusha nos hace inmortales y serenos. El viaje de Brahma a Brahman, de lo finito a lo infinito, es la canción de Hayagriva.

Hayagriva llama la atención sobre el hecho de que la noción de propiedad no es una realidad objetiva, sino una verdad subjetiva, una construcción cultural de los seres humanos, no un fenómeno natural. En otras palabras, son creaciones de Maya y componentes de Brahmanda.

. . .

Si el hombre no existe, no habría ninguna propiedad que poseer.

La naturaleza no necesita al hombre; el hombre necesita la naturaleza. Es una ilusión del hombre que es el dueño de la naturaleza y el dueño de la riqueza y la información de la naturaleza.

Cuando nos auto-engrandecemos siendo territoriales y dominando a otros seres humanos, Hayagriva nos recuerda que todavía somos animales, mostrando instintos animales de supervivencia, y que no hemos evolucionado a pesar de tener un cerebro humano más grande. La sabiduría védica es la que permite al hombre liberarse del animal y descubrir al humano, para liberarse del miedo y descubrir la fe. Para eso, tenemos que rendirnos a la idea de realidad espiritual, a Purusha, eso que existe más allá de Prakriti.

Hay muchas encarnaciones del Ser Supremo, como se afirma en el Srimad-Bhagavatam. Sin embargo, de todas las encarnaciones del Supremo, el Srimad-Bhaga-vatam declara específicamente "*krishnas tu bhagavan svayam*", lo que significa que el Señor Sri Krishna es la

Suprema Personalidad de Dios original. Todos los demás son sus porciones plenarias, o partes de sus porciones plenarias, que descienden a este mundo material para llevar a cabo ciertas responsabilidades y hacer cosas específicas.

Este es especialmente el caso cuando los planetas están demasiado perturbados por malvados y ateos. En Kali-yuga pasan muchos años en los que se permite que ocurran constantes disturbios y trastornos sociales, pero la literatura védica predice que al final el Señor Kalki hará Su aparición para cambiarlo todo, como se describe a continuación: *"a partir de entonces, en la conjunción de dos yugas [Kali-yuga y Satya-yuga], el Señor de la creación tomará Su nacimiento como la encarnación Kalki y se convertirá en el hijo de Vishnuyasha. En este momento los gobernantes de la tierra habrán degenerado en saqueadores..."*

El Vishnu Purana también explica que cuando las prácticas enseñadas en los Vedas y los institutos de la ley casi hayan cesado, y el final de la era de Kali esté cerca, una porción de ese ser divino que existe de su propia naturaleza espiritual, quien es el principio y el fin, y quien comprende todas las cosas, descenderá a la tierra. *"Nacerá en la familia de Vishnuyasha, un eminente brah-*

mana de la aldea de Shambhala, como Kalki, dotado de ocho facultades sobrehumanas".

El Agni Purana también explica que cuando los no arios que se hacen pasar por reyes comienzan a devorar a hombres que parecen justos y se alimentan de seres humanos, Kalki, como el hijo de Vishnuyasha, y Yajnavalkya como Su sacerdote y maestro, destruirán estos no arios con sus armas.

Establecerá la ley moral en la forma de los cuádruples varnas, o la organización adecuada de la sociedad en cuatro clases. Después de eso, la gente volverá al camino de la justicia.

El Padma Purana relata que Lord Kalki terminará la era de Kali y matará a todos los mlecchas malvados y, por lo tanto, destruirá la mala condición del mundo. Reunirá a todos los distinguidos brahmanas y propondrá la verdad más elevada. Él conocerá todas las formas de vida que han perecido y eliminará el hambre prolongada de los brahmanas genuinos y los piadosos. Será el único gobernante del mundo que no se puede controlar, y será el estandarte de la victoria y adorable para el mundo.

. . .

Aquí en estos versículos encontramos que Lord Kalki vendrá como castigador o guerrero. Para entonces, el planeta estará lleno de personas que no podrán comprender conversaciones lógicas. Serán demasiado lentos y torpes, no se les podrá enseñar mucho, especialmente en el camino de la alta filosofía con respecto al propósito de la vida. No sabrán qué deben hacer ni cómo vivir, y ciertamente no podrán cambiar sus costumbres. Por lo tanto, Lord Kalki no viene a enseñar, sino simplemente a castigar, enmendar y limpiar el planeta.

Además, en el relato también encontramos el nombre del lugar donde aparecerá Lord Kalki y el nombre de la familia en la que nacerá. La familia será de brahmanas calificados. Esto significa que una línea familiar y discipular de brahmanas espiritualmente calificados permanecerá en el planeta durante toda la era de Kali, sin importar lo mal que se pongan las cosas. Aunque pueden estar ocultos, viviendo en una pequeña aldea en algún lugar, será esta línea de bhaktas, devotos espirituales, de la que el Señor Kalki aparecerá en un futuro lejano.

· · ·

Nadie sabe dónde se encuentra este pueblo de Shambala. Algunos sienten que aún no se ha manifestado, o que será una comunidad subterránea oculta de la que aparecerá Lord Kalki.

A este respecto, encontramos en el Padma Purana la predicción de que el Señor Kalki nacerá en la ciudad de Shambala cerca del final de Kaliyuga de un brahmana que en realidad es una encarnación de Svayambhuva Manu.

Se describe que Svayambhuva realizó austeridades en Naimisa en la orilla del río Gomati por adquirir el privilegio de tener al Señor Vishnu como su hijo en tres vidas.

El Señor Vishnu, complacido con Svayambhuva, le concedió la bendición de que aparecería como el hijo de Svayambhuva como el Señor Rama, Krishna y Kalki.

Por lo tanto, Svayambhuva aparecería como Dasaratha, Vasudeva y luego Vishnuyasha. Además, en el

Padma Purana encontramos que el Señor Vishnu admite que nacerá en Kaliyuga. Por lo tanto, aparecerá como Lord Kalki.

El Srimad-Bhagavatam (12.2.19-20) describe las actividades del Señor Kalki de la siguiente manera: *"El Señor Kalki, el Señor del universo, montará Su veloz caballo blanco Devadatta y, espada en mano, viajará por la tierra exhibiendo sus ocho opulencias místicas y sus ocho cualidades especiales de la Deidad. Mostrando su inigualable refulgencia y cabalgando con gran velocidad, matará por millones a los ladrones que se han atrevido a vestirse de reyes "*.

Debemos notar aquí que, como explica la literatura védica, cuando el Supremo mata a alguien, esa persona es inmediatamente purificada espiritualmente por su toque y porque la persona se enfoca en el Ser Supremo mientras deja su cuerpo.

Así, esa persona alcanza el mismo destino que aquellos yoguis que pasan años estabilizando la mente para meditar y dejar sus cuerpos mientras se concentran en el Supremo.

. . .

Entonces, ser asesinado por el Supremo es una gran ventaja para aquellos con una mentalidad demoníaca que de otra manera entrarían en reinos inferiores de existencia o incluso en planetas infernales en sus próximas vidas.

El Vishnu Purana continúa explicando las actividades del Señor Kalki: *"Con su poder irresistible, destruirá a todos los mlecchas y ladrones, y a todos cuyas mentes estén dedicadas a la iniquidad. Él restablecerá la justicia en la tierra, y las mentes de aquellos que vivan al final de la era de Kali serán despertados, y serán tan claros como el cristal. Los hombres que sean así transformados en virtud de ese tiempo peculiar serán como las semillas de los seres humanos, y darán a luz a una raza que seguirá las leyes de la era Krita [Satya-yuga], la era de la pureza. Como se dice, ``Cuando el sol y la luna, y el asterismo lunar Tishya, y el planeta Júpiter, estén en una mansión, La edad de Krita volverá'''*.

El Agni Purana también relata que Hari, después de abandonar la forma de Kalki, irá al cielo. Entonces Krita o Satya-yuga volverán como antes.

Información adicional que puede ayudarnos a comprender las actividades de la próxima venida de

Dios se encuentra en el Linga Purana, el Brahmanda Purana y el Vayu Purana.

En estos textos encontramos descripciones del Señor Kalki como aparecerá en el futuro y también como apareció en encarnaciones anteriores como Pramiti en este periodo de tiempo conocido como Svayambhuva Manvantara. Estos textos nos dicen que cuando Kali-yuga llega a su fin, y después de la muerte de Bhrigu (o para matar al Bhrigus), Kalki (Pramiti) nace en la dinastía Lunar de Manu. Vagará por el planeta sin ser visto por ningún ser vivo y luego, comenzará su campaña a los treinta y dos años y vagará por la tierra durante veinte años.

Llevará consigo un gran ejército de caballos, carros y elefantes, rodeado por cientos y miles de brahmanas espiritualmente purificados armados con armas. Al ser brahmanas, estas armas pueden ser armas brahmínicas que se activan mediante mantras, como el poderoso brahmastra, en lugar de armas básicas de combate como cuchillos, espadas y lanzas, o incluso pistolas y explosivos ordinarios.

. . .

Los brahmanas comenzarán la batalla con él, quien matará a todos los herejes, falsos profetas y malvados, reyes mleccha. En una encarnación anterior, Kalki mató a los Udicyas (norteños), Madhya Deshyas (residentes de las tierras medias), Purvatiyas (habitantes de las montañas), Pracyas (orientales), Praticyas (occidentales), Dakshinatyas (del sur de la India), Simhalas (Sri Lanka), Pahlavas (las tribus nómadas de piel clara de las montañas del Cáucaso), Yadavas, Tusharas (gente del área de Mandhata, India, o el actual Tukharistan), Cinas (chino), Shulikas, Khashas y diferentes tribus de los Kiratas (tribus aborígenes que viven en el noreste de la India y Nepal) y Vrishalas.

Nadie pudo detenerlo mientras empuñaba su disco y mataba a todos los "bárbaros". Cuando terminó, descansó en la tierra media entre el Ganges y Yamuna con sus ministros y seguidores. Permitió que solo quedaran unas pocas personas, esparcidas por el planeta. Estos serían como semillas para las próximas generaciones que seguirían en el próximo Satya-yuga.

A partir de entonces, cuando el Señor Kalki haya dado paso a la próxima era de Satyayuga y haya liberado la tierra y lo que quede de civilización de los efectos de

Kaliyuga, regresará a su morada eterna junto con su ejército.

Continuando con la descripción del Señor Kalki como se describe en el Linga, Brahmanda y Vayu Puranas, se explica que después de que el Señor Kalki regrese a su morada eterna, cuando los sujetos que sobreviven al final de Kali-yuga se iluminen, el yuga cambiará de la noche a la mañana. Entonces las mentes de todas las personas se iluminarán y, con la fuerza inevitable, Krita o Satya-yuga se establecerán.

Será así que las personas se darán cuenta del alma y adquirirán piedad, devoción, tranquilidad y conciencia clara. Entonces esos Siddhas, entendidos como aquellos seres vivientes iluminados y perfeccionados que habían permanecido invisibles en una dimensión superior hasta el final de la era de Kali, regresarán a la dimensión terrenal y nuevamente serán visibles de manera clara.

Los Siddhas no se podrán establecer sin el regreso de los Saptarishis, los siete sabios, que instruirán a todos sobre la vida espiritual, el conocimiento védico y la organización progresiva de la sociedad para una existencia pacífica y plena. Entonces nuevamente la gente florecerá y realizará los ritos sagrados, y los sabios permanecerán en la autoridad para continuar el avance del nuevo Satyayuga.

6

Profecía del Buda Maitreya

El Buda Shakyamuni predijo que, debido a la inevitable degeneración de los tiempos, sus propias enseñanzas durarían solo cinco mil años antes de desaparecer de este mundo. La gente se volvería entonces cada vez más inmoral y su esperanza de vida disminuiría gradualmente, al igual que su salud, estatura y fortuna.

Mientras se fortalezcan engaños tales como la avaricia, el odio y los celos, el mundo pasará por periodos prolongados de hambre, enfermedades y guerras continuas hasta que finalmente llegue a su destrucción.

. . .

Sariputra, el gran general de la doctrina, el más sabio y resplandeciente, sintiendo compasión por el mundo le preguntó al Señor: "*Hace algún tiempo nos hablaste del futuro Buda, quien dirigirá el mundo en un periodo futuro, y quien llevará el nombre de Maitreya. Ahora me gustaría saber más sobre sus poderes y dones milagrosos. ¡Cuéntame, oh el mejor de los hombres, sobre ellos!*"

Después de hablar de un tiempo futuro en el que habrá un gobernante mundial meritorio, llamado Shanka, el Buda Shakyamuni afirmó que Maitreya, el mejor de los hombres, dejaría los cielos de Tushita e iría por su último renacimiento al útero de una mujer. Durante diez meses completos ella llevaría su cuerpo radiante y luego iría a un bosquecillo lleno de hermosas flores, y allí, ni sentada ni acostada, sino de pie, agarrada a la rama de un árbol, daría a luz a Maitreya.

La historia dice que Él, supremo entre los hombres, emergerá de su lado derecho, como el sol brilla cuando ha prevalecido sobre un banco de nubes. No más contaminado por las impurezas del útero que un loto por las gotas de agua, llenará todo este Mundo Triple con su esplendor.

. . .

Tan pronto como nazca, caminará siete pasos hacia adelante, y donde ponga sus pies brotará una joya o un loto.

Él levantará los ojos hacia las diez direcciones y pronunciará estas palabras: *"Este es mi último nacimiento. No habrá más renacimientos después de este. Nunca volveré aquí, pero, puramente, ¡ganaré el Nirvana!"*

El género budista conocido como "Leyendas", o Avadāna, se refiere a historias que demuestran el funcionamiento del karma al conectar las acciones virtuosas o no virtuosas de una vida anterior con los resultados beneficiosos o dañinos de una vida posterior, respectivamente. Las primeras versiones de tales historias se encuentran en todo el canon budista, siendo las "historias de nacimiento" del Buda (jātakas, जातक , སྐྱེས་རབས་) el ejemplo más conocido.

Según Winternitz, la colección de estas historias de nacimiento fue incluso en algún momento apodada "Leyendas del Bodhisattva", o como él traduce "La guirnalda de los grandes logros del Bodhisattva" (bodhisattvāvadāna).

· · ·

Para él, el género Avadāna se mantiene uniformemente "con un pie en la literatura Hīnayāna y el otro en la del Mahāyāna", dentro de la doctrina establecida del Gran Vehículo.

La Profecía del Superior Maitreya pertenece a un subgénero del Avadāna conocido como "profecía" o "revelación". La designación de "profecía" se da a estas obras, porque en ellas un Buda predijo la iluminación futura de uno de sus discípulos – Bodhisattvas. El género de la profecía es considerado por los seguidores del Gran Vehículo como una de las doce ramas del discurso de Buda y, de hecho, varios textos de este estilo se encuentran en la colección tibetana de la Palabra traducida de Buda.

El texto que discutiremos de manera específica se refiere a la profecía de la iluminación futura del Bodhisattva Maitreya. Se considera comúnmente que Maitreya es el próximo Buda en venir a este mundo y ha sido el foco de un extenso culto en toda Asia en varias ocasiones.

· · ·

El texto de la आर्यमैत्रेयव्याकरणम् ya ha sido traducido al francés por Sylvian Lévi en 1932. Edward Conze también tradujo algunas secciones en su colección Buddhist Scriptures en 1959. El manuscrito del texto de la Sociedad Asiática fue escrito durante el año 57 de Gopāladeva de la dinastía Pāla de Bengala; que probablemente era Gopāla II, cuya fecha aproximada de adhesión fue 940 d.C. El texto actual se basa principalmente en el manuscrito descubierto en Gilgit.

Los manuscritos de Gilgit datan del 400 al 600 d.C. Este rango de fechas corresponde con la explosión de la literatura "épica" del Gran Vehículo, como la colección Montículo de Joyas y la colección *Garland of Buddhas*. Estos textos describen una visión grandiosa del cosmos budista que está llena de un número inestimable de Budas y santos, repletos de milagros y poblados por innumerables huestes de seres no humanos.

Sin embargo, la visión de la Profecía de Maitreya, aunque contiene indicios de esos elementos, es claramente más limitada que las posteriores epopeyas del Gran Vehículo. El Buda describe una larga vida útil de 80.000 años, pero la etapa del sūtra y su profecía no se extienden más allá de este reino de Buda. El futuro

Buda Maitreya vendrá a este mundo en su forma utópica, y no se mencionan otros mundos.

Sin embargo, la narrativa participa en la glorificación del Buda que se había convertido en algo común en los primeros días del Gran Vehículo. La vida futura de Maitreya, tal como la describe el Buda en este texto, hace uso de varios de los elementos de la propia hagiografía del Buda Gautama, que se recuerda en la famosa obra Los actos del Buda de Aśvaghoṣa, pero con notables diferencias.

Maitreya vendrá de una de las castas superiores, pero en lugar de ser de la casta guerrera, será de la casta sacerdotal de Brāhmaṇas. Al igual que con Siddhārtha, la futura madre de Maitreya tendrá un embarazo idílico y, mientras sostiene una rama de un árbol, el bebé emergerá de su costado para evitar la "basura" del nacimiento.

Sin embargo, aquí el árbol es un árbol Nāga, en lugar del árbol Peepal. Además, al nacer, el padre de Maitreya verá los dos destinos potenciales de su hijo: convertirse en un gobernante mundial o en un Buda, pero a diferencia de Śuddhodana (el padre del Buda), el padre de Maitreya no tomará medidas para evitar la renuncia de su hijo. En cambio, se une felizmente a la comunidad de renunciantes al despertar de su hijo.

La desilusión de Maitreya con el mundo también toma una forma diferente. En lugar de los cuatro signos de sufrimiento y liberación que inspiran a Siddhārtha a renunciar a su hogar, el futuro Maitreya está desilusionado por la ruptura del poste del sacrificio. Este acto de los Brāhmaṇas dividiendo el puesto de sacrificio ilumina para Maitreya la naturaleza transitoria y decadente del mundo y lo impulsa a dejar su hogar. Una vez que renuncia a la vida mundana, Maitreya solo necesita un día para alcanzar la iluminación.

¿Por qué el cambio de la casta guerrera a la casta sacerdotal? Dentro de la narrativa, parece ser parte de una tendencia a describir el mundo de Maitreya como un paso por encima del de Siddhārtha. La gente vive más, el mundo es más vasto y el Buda proviene de la clase más alta. Sin embargo, también podría ser el caso de que en la época en que se escribió el AMV, el predominio de la cultura brahmánica era tan fuerte que llevó al autor del texto a derivar al futuro Buda de su clase para demostrar que los budistas eran tan buenos o de hecho mejores que los Brāhmaṇas, los sacerdotes hindúes.

De hecho, en este tiempo futuro, el nombre del padre de Maitreya es Subrahmāṇa, que significa "buen sacerdote", y él es el hábil ministro del entonces rey gobernante del mundo. Por lo tanto, Subrahmāṇa, el padre de Maitreya, es el sacerdote hindú de más alto rango del momento. Además, la figura de Indra, otro pilar de la cultura brahmana, parece haber jugado un papel cada vez más destacado en la historia a lo largo del tiempo.

Tanto Indra como Brahmā (los dos dioses principales del hinduismo antes del surgimiento de Śiva y Viṣṇu) se unen a las filas budistas en esta historia. El relato de la profecía de Maitreya, tal como lo conocemos, presenta claramente al budismo como una alternativa superior para los laicos a la religión brahmana dominante.

La Profecía de Maitreya no se centra en detalle en la doctrina enseñada por el futuro Buda. De los 108 versículos del texto, solo dos están dedicados a describir la doctrina de Maitreya, y estos son simplemente un resumen de las Cuatro Nobles Verdades. No se menciona el surgimiento dependiente, ni el desinterés ni ninguna otra de las primeras doctrinas budistas. En cambio, después del resumen de las Cuatro Nobles Verdades, el texto describe cómo las personas acuden a la comunidad renunciando al mundo y convirtiéndose en monjes y monjas, incluida toda la familia de Maitreya.

Es entonces cuando se hace evidente el foco principal de la historia: para una vasta audiencia que se extiende por millas, Maitreya explica con relativa extensión (8 versos) cómo toda la audiencia está allí solo porque en el pasado siguieron las enseñanzas del Buda Śākyamuni y realizaron actos piadosos, como donar a monasterios, adorar en las estupas, etcétera.

Estas palabras se ponen en boca de Maitreya, mientras que las Cuatro Nobles Verdades se presentan simplemente como una paráfrasis. Con estas enseñanzas, la narrativa establece explícitamente una conexión entre la comunidad budista laica actual y la futura audiencia de Maitreya.

. . .

Es una historia escrita principalmente para practicantes budistas laicos a los que les han enseñado que, si creen en el Buda y sus enseñanzas y realizan actos de devoción, se sentarán a los pies del futuro Buda Maitreya como renunciantes.

Maitreya enumera una serie de tales acciones devocionales de la comunidad laica que resultarán en que un seguidor sea parte del séquito de Maitreya en el futuro: adorar en stūpas (estupas, menciona esto dos veces), dar regalos al Saṅgha, hacer votos de acuerdo con la enseñanza, observar upoṣadha (Pāli uposatha), realizar días de ayuno (un ritual principalmente laico) y buscar refugio.

El texto afirma que estas actividades de devoción actuales serán el acto presente que hará que los seguidores laicos del budismo nazcan en el futuro como parte del vasto séquito de Maitreya, y que bajo la guía de Maitreya ellos entonces *"alcanzarán la verdad, el más alto escenario."*

En ese tiempo futuro, Maitreya los guiará con "tres tipos de milagros" para que eliminen sus "efusiones" y estén gozosos, su congregación será tan vasta que podría abarcar a todos los seguidores actuales de Śākyamuni.

El hecho de que tal afirmación sea seguida por una exhibición de señales milagrosas y la adoración de los reyes y dioses del mundo demuestra claramente que la narración está destinada a un público laico para quien la práctica principal era del camino del Oyente anterior (no se mencionan a los Bodhisattvas ni a ninguna doctrina del Gran Vehículo, sino a una audiencia que estaba cada vez más preocupada por los actos de devoción). El mensaje para los laicos es que la fe es suficiente para esta vida ahora; en el futuro pueden practicar el camino de la renunciación bajo Maitreya, y en ese momento no será tan difícil.

El mensaje general de la Profecía de Maitreya para los laicos es que a través de la fe en el Buda (y su doctrina) uno renacerá en ese tiempo de Maitreya y alcanzará la iluminación. Esto queda muy claro no solo en las enseñanzas que provienen de la boca de Maitreya en la historia, sino también en sus versos finales.

. . .

Así, cuando uno calma sus pensamientos colocándolos en el conquistador, el sabio de los Śākyas, entonces verá al Maitreya completamente iluminado, el mejor de los bípedos… Al buscar fortalecer a alguien como el compasivo Maitreya, el mejor de los bípedos, con el tiempo procederás al nirvāṇa. Habiendo escuchado esta historia extraordinaria y habiendo visto tan abundante buena fortuna, ¿qué persona sabia no tendría fe, ya que incluso aquellos en renacimientos oscuros la tienen?

De esta manera, el texto establece un camino claro y activo para el budista laico, uno de fe que lo llevará a una situación futura en la que tendrá la oportunidad de practicar el exigente camino hacia la realización. Podemos ver aquí uno de los temas centrales con los que luchó el budismo durante los primeros días del Gran Vehículo (y de hecho desde los inicios del budismo), a saber, cómo puede el budismo, que aparentemente exige la renuncia al estilo de vida del cabeza de familia, proporcionar una perspectiva relevante y satisfactoria sobre el camino de práctica para el laico.

La respuesta proporcionada aquí no es muy diferente de la respuesta proporcionada en los primeros días del budismo: buscar refugio, tomar los votos laicos, practicar los días de ayuno y hacer ofrendas a la comunidad. Incluso la adoración en stūpas (montículos relicarios) es una práctica bastante antigua, anterior al surgimiento del Gran Vehículo. La diferencia aquí en la profecía de Maitreya está en el énfasis exclusivo en la fe y las descripciones de su potente eficacia.

7

Frashokereti

La fe en los eventos más allá de la vida en esta tierra está atestiguada en las escrituras zoroástricas desde el principio, desde los Gāθās. Esta fe se desarrolló y se convirtió en el centro del zoroastrismo posterior, de modo que colorea casi todos los aspectos de la vida religiosa.

También parece haber tenido un impacto profundo en las religiones vecinas, especialmente en el judaísmo, y a través de él en el cristianismo y el islam, así como en el maniqueísmo.

El concepto de escatología en el zoroastrismo consta de varios puntos.

. . .

La escatología zoroástrica es la conclusión necesaria y coherente de la historia de la creación, pues toda la razón de la existencia del mundo, como queda claro en las fuentes zoroástricas tardías, es servir como un dispositivo en la batalla entre Ohrmazd (un dios lleno de bondad) y Ahriman (un dios lleno de maldad).

El final de la vida individual es el reflejo y la conclusión del curso de la existencia humana; el período escatológico marca la resolución de la lucha cósmica y lleva a cabo el esfuerzo de Ohrmazd, asistido por las otras deidades y humanidades, para lograr la victoria de los poderes del bien. Desde otro punto de vista, la escatología sirve a la vez como un espejo de la vida religiosa y moral en la tierra, y como un tribunal de justicia donde se asignan y se llevan a cabo las recompensas y los castigos. En contraste con la ambigüedad y la frecuente injusticia que parece reinar en el mundo actual, los valores reales de la religión se reparan en una retrospectiva escatológica.

La misma idea de juicio y veredicto individual se produce de diversas formas en el curso de la narrativa escatológica, tanto con respecto al individuo como con respecto a la humanidad como un todo colectivo.

Más allá de la satisfacción de ver que se hace justicia, los justos recompensados y los malvados castigados por sus acciones, se encuentra la opinión más generalizada de que el fin del mundo es el escenario en el que se reivindica la causa de Ohrmazd.

La perturbación causada en el orden cósmico por la invasión de Ahriman de un dominio propio se elimina de manera permanente y en última instancia, y el mundo cambia a un nuevo modo de existencia donde ningún mal puede interferir. Desde este punto de vista, el hombre, por importante que sea, no es más que una herramienta en manos de los poderes supremos.

Zoroastro, en sus Gāthās. Allí mira hacia atrás a la "eternidad pasada" y el comienzo de este mundo, y hacia el Juicio Final y la "eternidad venidera", y ve todo lo que tiene lugar entre ellos como parte de la lucha cósmica planificada entre el bien y el mal, que conduce a el derrocamiento final del último y el cumplimiento de los propósitos de Dios.

. . .

Los rasgos esenciales de su escatología, esbozados en los Gāthās, se detallan en textos posteriores de Avestan y Pahlavi: habrá una gran lucha final entre el bien y el mal en la que el bien triunfará.

Los cuerpos de los muertos resucitarán y tendrá lugar el Juicio Final. La tierra será purificada por un torrente de metal ardiente por el cual pasará toda la humanidad; para los bienaventurados será como caminar en leche tibia, pero los pecadores perecerán.

A partir de entonces, el reino de Dios vendrá sobre una tierra restaurada a su bondad original, siendo Frašō.kə-rəti (Frašegird), el "hacer maravilloso o perfecto"; y los bienaventurados se regocijarán allí con los seres divinos para siempre.

Zoroastro parece haber creído que esta consumación tendría lugar poco después de su propia vida, lograda en parte por otro hombre que quisiera ser un saošyant, es decir, un portador de salvación; y esta esperanza fue desarrollada por sus seguidores en la expectativa de que un día un hijo llamado Astvaṱ.ərəta nacería milagrosamente de la propia semilla del profeta por una madre virgen, y se convertiría en el Salvador del Mundo, el Saošyant, librando una Gran Batalla contra la maldad.

Esta profecía está concebida en términos puramente religiosos y éticos, y con la amplitud cósmica de la propia visión de Zoroastro.

Es también, en el espíritu de esa visión, milenario en el sentido amplio del término, es decir, la profecía es que al final de los tiempos la felicidad vendrá en esta tierra perfeccionada para las propias criaturas escogidas de Dios, los buenos, los defensores de la buena religión.

Zoroastro es el profeta milenario más antiguo conocido, predicando, al parecer, como todos los milenarios revolucionarios, un futuro momento de agitación social y estrés para su pueblo. A medida que se desarrolló el apocalipsis zoroástrico, su mensaje religioso, social y cósmico se nacionalizó al estar vinculado con el mito y la leyenda iraní.

Entonces, se dice que el "arma victoriosa" que había sido soldada por Kavi Vīštāspa (Goštāsp), el patrón real de Zoroastro, era la misma arma que antes la poderosa Thraētaona llevaba cuando Aži Dahāka fue asesinado, que el Tūra Fraŋrasyan soportó cuando el malvado Zainigu fue asesinado, y que Kavi Haosravah soportó cuando el Tūra Fraŋrasyan fue asesinado. Este desarrollo es claramente antiguo, porque presenta a Fraŋrasyan como un héroe guerrero iraní, no como el villano alienígena en el que se convirtió más tarde.

Este entrelazamiento de elementos religiosos y heroicos es característico del apocalíptico zoroastriano desarrollado, y un concepto que le dio alcance fue el de los camaradas de los Saošyant, entre los cuales, se llegó a creer, se encontrarán los héroes de antaño que regresarán entonces para ayudar a los pueblos iraníes como "jefes inmortales" (rad ī ahōš) que esperan en lugares ocultos o remotos la llamada a la acción.

Como en los Gāthās, en este apocalíptico posterior se habla de los sufrimientos de los buenos; y el mundo entero se ve afligido en los últimos días por el poder del Espíritu Maligno. En ese momento, los rayos del sol estarán muy nivelados y con poca inclinación, y el año, el mes y el día serán más cortos. Y la tierra se contraerá, los cultivos no producirán semillas y las plantas, los arbustos y los árboles serán pequeños. La gente nacerá muy atrofiada y tendrá poca habilidad o energía.

No será posible que una nube auspiciosa y un viento justo traigan lluvia en su época y vendrán épocas espantosas: las nubes y la niebla oscurecerán todo el cielo, un viento caliente y un viento frío vendrán y se llevarán todos los frutos y granos de maíz, y el agua de los ríos y manantiales se encogerá y no aumentará.

El buey arado tendrá poca fuerza y el caballo veloz poca potencia, y el espíritu maligno será muy opresivo y tiránico, por lo que sea necesario destruirlo.

Probablemente fue como una religión que predicaba tan poderosamente sobre las últimas cosas, y la esperanza en lo que había más allá, que el zoroastrismo finalmente ganó la aceptación en el Irán devastado por los conflictos en el siglo VII a. C. Sin embargo, una vez que se estableció el Imperio aqueménico, es probable que se le diera menos énfasis a la escatología apocalíptica, al menos en la Persia propiamente dicha; porque los reyes persas buscaban crear un sentido de su propia autoridad dada por Dios, y la estabilidad y continuidad de su gobierno.

Las enseñanzas sobre los últimos tiempos eran demasiado esenciales para el zoroastrismo como para descuidarlas y su amplia vigencia incluso en este período está atestiguada por Theopompos, quien escribió sobre las creencias iraníes sobre la lucha entre Horomazes y Areimanios (es decir, Ohrmazd y Ahriman) que terminó en la derrota de "Hades" y la felicidad de la humanidad, y que se refirió también a la enseñanza de Zoroastro de que los muertos resucitarían.

Parece que fue durante esta época, sin embargo, que Frašegird se distanció a través de una triplicación (característica del zoroastrismo) de la figura del Saošyant, aunque este desarrollo parece inmediatamente debido a la necesidad de completar las épocas de un año mundial creado escolásticamente con eventos que se repiten periódicamente.

Se dieron nombres a los dos nuevos Salvadores que estaban en armonía con el de los Saošyant: Ušyaṯ.ərəta (Pahl. Ušēdār, q.v.), y Uxšaṯ.nəmah (Pahl. Ušēdārmāh, q.v.); y el apocalíptico iraní se modificó en consecuencia.

El presente milenio pertenece a Zoroastro y comenzó con su revelación; pero después de la época dorada que lo acompañó, el mal ha vuelto a ganar terreno y se hace cada vez más fuerte. Al final del milenio aparecerá Ušēdār, renovará la revelación del profeta y derrotará a las fuerzas del mal.

Habrá otro tiempo dorado, otro recrudecimiento del mal, la llegada de Ušēdārmāh y otra derrota del mal; luego una tercera repetición de la época dorada y el declive, y finalmente la llegada del Saošyant, el derrocamiento final del mal y todos los eventos de Frašgird.

Para los hombres que viven hoy en día, la llegada de Ušēdār es de interés inmediato; y para completar los sucesos de ese ansiado evento los apocaliptistas le transfirieron la ayuda de Pišyōtan, quien en los textos sobrevivientes figura casi invariablemente como su camarada, trayendo ayuda así al final de este milenio. Parece probable que estas nuevas profecías se hayan hecho actuales a través de la composición de un texto avéstico tardío, es decir, el Bahman Yašt y sus versiones vernáculas.

Se ha argumentado razonablemente que el colapso del imperio aqueménida en 330 a. C. debe haber dado un poderoso estímulo al cultivo de la apocalíptica zoroástrica, con los iraníes consternados y su sociedad trastornada. Se ha encontrado evidencia de una respuesta profética inmediata en los versos de los Oráculos Sibilinos, identificados como una profecía iraní sobre Alejandro, y probablemente compuesto alrededor del 325 a. C.

También se ha asignado un origen persa a otra declaración profética de probablemente principios del siglo III a.C., que sobrevive en el Libro de Daniel (generalmente considerado como el texto apocalíptico judío más antiguo).

Esta es la visión de cuatro bestias que representan cuatro reinos, el cuarto, el macedonio, siendo "diferente de todos ellos, muy temible, con dientes de hierro, garras de bronce, que devoró y aplastó, y estampó los restos".

El Apocalipsis

. . .

Gran parte de la apocalíptica zoroástrica es de este tipo, aunque en teoría todo tiene su origen en la revelación de Ahura Mazdā a Zoroastro. Los textos supervivientes se dividen en tres categorías en cuanto a la presentación de su material: 1. Las profecías se presentan explícitamente como la revelación de Ahura Mazdā a Zoroastro, 2. Son pronunciados por Jāmāspa, que había obtenido a través de Zoroastro el don del conocimiento, 3. Se presentan en narración directa, aunque implícitamente, como en la presentación 1, como parte de la revelación de Ahura Mazdā al profeta.

Solo el primer grupo de textos tiene el concepto del milenio de Zoroastro (es decir, el actual) dividido en edades metálicas. En general, se cree que esta idea fue adoptada por los iraníes occidentales de los griegos, probablemente en el siglo III a. C., y se supone que entonces influyó en la historia de Daniel de una imagen hecha de diversos metales, que representa sucesivamente reinos.

. . .

Hasta donde se sabe, ningún texto apocalíptico iraní, ya sea en avéstico o en una lengua vernácula, fue escrito por sacerdotes zoroástricos antes del período sasánida; y aparte de los Gāthās, que habrían sido estrictamente memorizados (este último al menos al final del período aqueménico), los textos conocidos pertenecen a una transmisión oral fluida, en la que las adiciones a los elementos fijos (que incluían el núcleo esencial de las enseñanzas gáticas) podría hacerse según las circunstancias lo exigieran.

De importancia a este respecto son los Oráculos griegos de Hystaspes, una obra bien conocida y respetada como fuente de sabiduría apocalíptica en Siria y Asia Menor en los primeros siglos de la era cristiana. El trabajo es mencionado por primera vez por Justino Mártir en el siglo II d. C., y se conoce principalmente a través de las citas de Lactancio en el siglo IV.

Los pasajes que cita Lactancio tienen estrechos paralelos, incluso en detalles, en el apocalíptico zoroástrico, especialmente en el Zand ī Wahman Yašt. Hystaspes es, por supuesto, la forma griega de Vištāspa, el nombre del patrón real de Zoroastro; y el rey es representado en los Oráculos como habiendo tenido un sueño maravilloso que le es interpretado por un niño profetizador (vaticinans puer), quien, se sugiere, era el mismo Zoroastro en la infancia.

Generalmente se considera que los Oráculos son obra de un iraní helenizado o que fueron elaborados por un griego de las tradiciones orales iraníes, probablemente en el siglo II a. C. Las doctrinas zoroástricas también aparecen dispersas de manera no sistemática a través de obras apocalípticas judías del período intertestamental, especialmente en los Oráculos Sibilinos, donde, entre otros asuntos, hay repetidas referencias al torrente ardiente final que se tragará al mundo.

Más evidencia del florecimiento apocalíptico zoroastriano en este período se proporciona en el conocido resumen de Plutarco sobre las enseñanzas de los magos en Isis y Osiris, y los propios textos zoroástricos supervivientes, aunque todos comprometidos con la escritura por sacerdotes persas, contienen un reconocimiento del papel de Partia en la continuidad de la tradición religiosa, en el sentido de que en un texto de cada siete "edades metálicas" se asigna la honorable de bronce a el rey parto Valaxš.

. . .

Sin embargo, naturalmente, dado que es la línea de transmisión persa la única que está representada por las obras apocalípticas supervivientes, los intereses persas predominan en sus elementos posteriores. Así que se asignan varias "edades metálicas", en diferentes textos, a este o aquel rey o sumo sacerdote de Sasán.

Se predice que los inmortales, Pišyōtan y Kay Xusraw, defenderán el culto del fuego en el templo contra el culto a las imágenes, es decir, estos héroes antiguos están representados como partidarios del movimiento iconoclasta sasánida.

No fue, al parecer, hasta el siglo IX d.C. que los importantes Zand ī Wahman Yašt y Ayādgār ī Jāmāspīg se establecieron en sus formas fijas finales, probablemente perdiendo gran parte de su calidad literaria al ser recitados de memoria a una velocidad de dictado lenta. En consecuencia, los textos apocalípticos contienen referencias repetidas a los árabes conquistadores y a las miserias provocadas por su gobierno, considerándose estas miserias como manifestaciones de la última época antes de la llegada de Ušēdār.

. . .

El Apocalipsis

La esperanza de su aparición, junto con Bahrām y Pešōtan, mantuvo a los zoroastrianos durante sus sufrimientos en los siglos siguientes, y alcanzó su punto máximo a medida que se acercaba el año 1620, que según un cálculo se consideraba el final del milenio de Zoroastro.

El apocalíptico gático esencial, modificado por los desarrollos escolásticos y político-religiosos a lo largo de los siglos, siguió siendo el pilar de la esperanza de la comunidad en los tiempos modernos.

La profecía apocalíptica zoroástrica, que introdujo la idea de una batalla dualista entre el bien y el mal, también tuvo una naturaleza transformadora. En esta concepción, la historia llegaría a su fin en el juicio final, cuando todos los metales y minerales se fundirían en una gran conflagración. Entonces, una inundación de metal fundido cubriría y purificaría la tierra. En ese momento, Zoroastro regresaría como profeta para ayudar en la restauración del mundo.

8

El gran espíritu

La tribu Hopi es una nación soberana en el noreste de Arizona y ocupa parte de los condados de Coconino y Navajo. Abarca más de 1,5 millones de acres y se compone de 12 aldeas que viven en casas de adobe o campesinas.

Los Hopi trataron de hacer llegar su mensaje a las Naciones Unidas durante años, y tendrían éxito en dirigirse a la Asamblea General, pero su voz caería en oídos sordos. Esta cultura sufrió sin piedad a manos del gobierno de Estados Unidos, en 1906 incluso se morían de hambre y diversas violaciones a los derechos humanos fueron cometidas en su contra.

. . .

La aculturación forzada en todo el planeta ha privado a los pueblos indígenas de su tierra, idioma y ser. Su sabiduría inconmensurable transmitida durante generaciones, conocimiento de la tierra a la que la sociedad dominante necesita recurrir en este cambio climático sin precedentes podría salvar la civilización tal como la conocemos, y tiene una importancia inherente por sí sola.

De hecho, fueron los Hopi quienes advirtieron al mundo de los "eventos que sacudieron el mundo", de los cuales la Primera y la Segunda Guerra Mundial fueron los primeros. Puede ser que estemos encaminados hacia el periodo del tercer y último evento devastador del mundo, la separación de la naturaleza.

Como dijo Martin Gashweseoma para las Naciones Unidas en 1992, los Hopi creen que la raza humana ha pasado por tres mundos diferentes y diversas formas de vida desde el principio. Al final de cada mundo anterior, la vida humana ha sido purificada o castigada por el Gran Espíritu Massauu debido principalmente a corrupción, codicia y al apartarse de las enseñanzas del Gran Espíritu.

. . .

El Apocalipsis

La última gran destrucción fue el diluvio que destruyó a todos los seres humanos, menos a unos pocos fieles que recibieron un permiso del Gran Espíritu para vivir con Él en esta nueva tierra. El Gran Espíritu dijo: *"depende de ti, si estás dispuesto a vivir mi forma de vida pobre, humilde y sencilla. Es difícil, pero si tú aceptas vivir de acuerdo con mis enseñanzas e instrucciones, si nunca pierdes fe en la vida que te daré, puedes venir a vivir conmigo"*, y todos los que fueron salvados del gran diluvio hicieron un pacto sagrado con el Gran Espíritu en ese momento. Entre ellos, estaba la tribu Hopi, quienes hicieron un juramento de nunca alejarse de él. Para ellos, las leyes del Creador nunca cambian ni se rompen.

Para los Hopi, el Gran Espíritu es todopoderoso. Se apareció a las primeras personas como hombre y habló con los humanos al comienzo de la creación de este mundo; nos enseñó a vivir, a adorar, a dónde ir y qué comida llevar, nos dio semillas para plantar y cosechar. Nos dio un juego de tablas de piedra sagradas en el que sopló todas las enseñanzas para salvaguardar su tierra y su vida. En estas tablas de piedra se hicieron instrucciones, profecías y advertencias, hechas con la ayuda de la Mujer Araña.

. . .

Antes de que el Gran Espíritu se escondiera en la clandestinidad, Él y la Mujer Araña pusieron ante los líderes de los diferentes grupos de personas, muchos colores y tamaños de maíz para que eligieran su comida en este mundo. El líder Hopi fue el último en elegir.

Los Hopi eligieron la mazorca de maíz más pequeña, a lo que Massauu dijo: *"me has mostrado que eres sabio y humilde. Por eso te llamarán Hopi (gente de paz)"*.

A los dos nietos de la Mujer Araña se les entregaron las tablas de piedra sagrada. Estos dos hermanos recibieron instrucciones de llevarlas a un lugar que el Gran Espíritu les había señalado: el hermano mayor debía ir inmediatamente al este, al sol naciente y al llegar a su destino se le indicó que comenzara a buscar inmediatamente a su hermano menor, que permanecería en la tierra del Gran Espíritu. La misión del hermano mayor a su regreso fue ayudar a su hermano menor a lograr la paz, la hermandad y Vida Eterna.

Hopi, el hermano menor, recibió instrucciones de recorrer toda la tierra y marcarla bien con huellas y marcas sagradas para reclamar esta tierra para el Creador y establecer paz en la tierra. Así que, gracias a él, la tribu

El Apocalipsis

Hopi estableció sus ceremonias y santuarios sagrados para celebrar al mundo en equilibrio de acuerdo con su primera promesa al Creador.

Así es como nace la historia de migración de la tribu, hasta que conocieron al Creador en Old Oraibi (lugar que solidifica) hace más de 1000 años.

Fue en esa reunió cuando él les regaló las profecías, para darlas a conocer en la clausura del Cuarto Mundo de Destrucción y el comienzo del Quinto Mundo de Paz.

El Gran Espíritu les dio muchas profecías para transmitir al mundo, y de acuerdo a los Hopi, todas se han cumplido. Los Hopi se establecieron en la tierra en donde el Hermano Menor y su tribu conocieron al Gran Espíritu, esperando a que el Hermano Mayor, que se fue al este, regresara a ellos.

Se dice que cuando el Hermano Mayor regrese a esta tierra, colocará sus tablas de piedra una al lado de la otra, para mostrarle a todo el mundo que son los verdaderos hermanos, y así, caerá desde el cielo un conjunto de cenizas que hervirá todo dentro de un gran espacio y nada crecerá durante mucho tiempo.

Se le dijo a los Hopi que tres ayudantes que fueron comisionados por el Gran Espíritu para ayudarles a lograr la vida pacífica en la tierra llegaría, por lo que no debían cambiar sus hogares, sus ceremonias ni su cabello, porque entonces los verdaderos ayudantes podrían no reconocerlos como los verdaderos Hopi. Y es así que los Hopi han estado esperando todos estos años.

Se sabe que el Verdadero Hermano, cuando venga, será todopoderoso y usará una vestimenta roja o un manto rojo. Será acompañado por una tribu grande en población y que no pertenecerá a ninguna religión más que la suya propia. Traerá consigo lo sagrado tabletas de piedra.

Con él habrá dos grandes entes, ambos muy sabios y poderosos. Uno tendrá un símbolo o signo de la esvástica, que representa pureza y será Mujer, productora de vida.

. . .

El tercero (o el segundo, contando o no al Hermano Mayor) de los dos ayudantes del Verdadero Hermano tendrá un signo o símbolo del sol, también será muy sabio y poderoso.

También está profetizado que, si estos tres no cumplen su misión, entonces vendrá el mal del oeste como una gran tormenta, enorme y sin piedad. Cuando venga cubrirá la tierra como las hormigas rojas y conquistará a la humanidad en un día. Si los tres ayudantes elegidos por el Creador cumplen su misión sagrada, e incluso si solo hay uno, dos o tres de los verdaderos Hopi que permanecen aferrados a la última enseñanza antigua e instrucciones el Gran Espíritu, Massauu aparecerá ante todos, y el mundo se salvará.

Los tres establecerán nuestro nuevo plan de vida que nos llevará a la vida eterna y llena de paz. La tierra se volverá nueva como era desde el comienzo, las flores volverán a florecer, la caza volverá a las tierras áridas, y habrá abundancia de alimento para todos. Los que se salvan compartirán todo por igual y todos reconocerán al Gran Espíritu y hablarán un mismo idioma.

. . .

Otras enseñanzas de Hopi se refieren a los nueve signos.

El primer letrero decía que vendrían los hombres de piel blanca, el segundo decía: "nuestras tierras verán la llegada de ruedas giratorias llenas de voces". En su juventud, muchos Hopi vieron esta profecía hacerse realidad con sus propios ojos: los hombres blancos que llevaban a sus familias en carromatos por las praderas.

La tercera señal menciona que una extraña bestia, como un búfalo, pero con grandes cuernos largos, invadirá la tierra en gran número. Esto fue interpretado por los Hopi como una señal cumplida debido a la llegada de los animales de ganado.

La cuarta señal dice que la tierra será atravesada por serpientes de hierro; la quinta señal refiere que la tierra estará atravesada por una telaraña gigante y la sexta señal dicta que también estará atravesada por ríos de piedra que harán imágenes al sol. La séptima señal dice que escucharemos que el mar se vuelve negro y que muchos seres vivos mueren a causa de él. Por otra parte, la octava señal predice a muchos jóvenes, que usan su cabello largo como el del pueblo Hopi, llegar y unirse a las naciones tribales para aprender sus caminos y sabiduría.

La novena y última señal, refiere a escuchar de un lugar residencia del Gran Espíritu en los cielos, sobre la tierra, que caerá con gran estruendo. Aparecerá como una estrella azul. Muy pronto después de esto, cesarán las ceremonias de cualquier pueblo.

Los Hopi en general, tienen una fascinante profecía apocalíptica. Es así que actualmente vivimos en "un mundo desequilibrado", y la profecía sugiere que el mundo "temblará" tres veces, pero no explica específicamente lo que podría implicar este "temblor". La profecía Hopi continúa sugiriendo que la humanidad alcanzará un umbral fundamental, en el que tendremos que elegir entre un camino de autodestrucción cada vez mayor con la codicia y el odio como fuerza motriz o cambiar a un camino inspirado por el amor, la paz y la abundancia para todos los seres que conduce a un futuro nuevo y brillante.

9

La redención final

PARA LA NACIÓN JUDÍA, se han pasado miles de años contando hacia atrás hasta un periodo de tiempo que finalmente marcará el comienzo de la redención final. Un reloj especial, conocido como el reloj del Mesías, ha estado contando la llegada final del Mesías durante los últimos 200 años, dando esperanza e inspiración a generaciones de judíos durante tiempos turbulentos.

El creador del reloj del Mesías no fue otro que el rabino Eliyahu de Vilna, también conocido como Vilna Gaon, un erudito judaico del siglo XVIII que fue considerado la luz guía de su generación, y es venerado hasta el día de hoy. Vilna Gaon pasó gran parte de su vida estudiando conceptos judíos sobre el Mesías y anhelaba mudarse a Israel para acelerar el proceso de redención.

. . .

Bien versado en matemáticas y astronomía, Vilna Gaon utilizó su formación académica secular y religiosa para idear un método único de seguimiento del tiempo basado en el calendario hebreo y una combinación de fuentes judías encontradas en el Talmud. Basado en sus cálculos específicos, el reloj del Mesías fue creado y ha ido avanzando lentamente hacia su última llegada.

El reloj se basa en los seis días de la creación, y cada día corresponde a 1.000 años en el calendario hebreo. El Vilna Gaon centró sus cálculos en torno a la tradición judía de que el Mesías debe llegar en el año 6000 en el calendario judío, que corresponde al día anterior al sábado y al estribillo de Dios de cualquier trabajo. Actualmente, el año del calendario judío es 5775.

Comparar los días de la historia de la creación con periodos de tiempo milenarios es consistente con la Biblia, que a menudo tiene diferentes medidas de tiempo que se corresponden entre sí. Un ciclo basado en siete se usa con frecuencia en la Biblia, como en el concepto del año sabático (Levítico 25: 3), el ciclo agrícola de siete años, y su extensión, el año del Jubileo

(Levítico 25:10), que ocurre al final de siete ciclos sabáticos. Un esclavo hebreo también es liberado después de siete años de servidumbre (Éxodo 21: 2).

El versículo que se encuentra al final de cada día en la historia de la creación del mundo en Génesis, *"y fue la tarde y la mañana"*, es la base de la costumbre judía de comenzar cada día al atardecer. El primer día de la nueva semana comienza con la puesta del sol al final del sábado, el segundo día comienza con la puesta del sol siguiente, y así sucesivamente.

Además, según la ley judía, cada día se divide en dos mitades iguales: la noche y la luz del día. Luego, cada mitad se divide en 12 secciones iguales, cada una de las cuales dura una hora. Desde el atardecer hasta el atardecer, se reparten las 24 horas del día.

Aplicando el concepto judío del tiempo con el entendimiento recogido por Vilna Gaon hacia la redención, un día completo equivale a 1,000 años. Por lo tanto, un periodo nocturno de 12 horas equivale a 500 años y un periodo de luz diurna de 12 horas equivale a 500 años. Si dividimos aún más 1,000 por 24 horas, entonces cada hora en el reloj del Mesías equivale a 41 años y ocho meses, o exactamente 500 meses.

Al calcular los minutos, 500 meses (una hora en el 'reloj de creación') se divide por sesenta minutos.

Según el reloj de Vilna Gaon, cada minuto equivale a 8.333 meses, u ocho meses y diez días. Para aquellos que aprecian un desafío, un segundo en el 'reloj de la creación' es un poco más de cuatro días.

Basado en los días de la creación, el viernes, el sexto día de la semana, viene después de cinco días completos, o 5,000 años en el reloj. El viernes por la noche es la mitad de un día en el calendario judío, por lo que, según los cálculos de Vilna Gaon, una noche equivale a quinientos años.

El viernes por la mañana al amanecer sería el año 5500 según el calendario hebreo o 1739 según el calendario gregoriano. Según este modelo, el mediodía del sexto día del reloj es 5750 en el calendario hebreo, o 1990 según el calendario gregoriano, marcando tres cuartos del sexto día. Eso deja seis horas desde el viernes por la tarde hasta la puesta del sol, cuando comienza el sábado.

Si usamos el reloj del Mesías para averiguar "qué hora es ahora", el comienzo del año calendario hebreo actual fue exactamente a las 12:36 pm. A las 12:37 pm comenzó el 10 de Iyyar de 5775 o el 29 de abril de 2015.

El Zohar establece que, así como el viernes por la tarde se dedica por completo a los preparativos para el sábado, el tiempo previo al año 7000 será para prepararnos para el Mesías. Al aplicar ciertos cálculos basados en la ley y la tradición judías, el reloj de 7000 años de Vilna Gaon se puede utilizar para hacer afirmaciones sobre el proceso de redención.

Actualmente, basado en la hora del reloj del Mesías, el año 6000 ocurrirá en el 2239 del calendario gregoriano, lo que indica que el Mesías debe llegar antes.

. . .

Cabe señalar que un principio básico de la fe judía, basado en las enseñanzas de Maimónides, es que el Mesías puede llegar en cualquier momento. Para los judíos, la venida del Mesías es siempre inminente. Los cálculos de Vilna Gaon representan la última vez que el Mesías puede llegar y, como se reza cada día, podría llegar mucho antes.

10

Los encantamientos divinos

Dentro de la psique occidental, el apocalipsis tiene una presencia subyacente. Esto se ha manifestado a través de las religiones y la mitología. Desde los nórdicos y el Ragnarok hasta el cristianismo y los últimos días, la psique occidental a lo largo de los milenios no solo ha creído en las historias de creación de nuestra existencia, sino también en el Armagedón. En China, esta psique se ha desarrollado de manera diferente.

Los textos del Apocalipsis existen en China y son similares a las Revelaciones. La Escritura de los Encantamientos Divinos (太上洞渊神咒经) es uno de esos textos taoístas. Profesa el regreso de una figura mesiánica que tomará a los fieles y destruirá al resto de la sociedad y creará una nueva sociedad basada en las enseñanzas taoístas. Se cree que el texto fue escrito en el siglo V d.C. y que muchos habían tomado al gobernante del siglo VII Li Hong (李弘) como la figura mesiánica.

Aunque el texto habla de la destrucción del mundo, esto es simbólico. El mundo solo será destruido como lo que se conoce para aquellos que no creen en la causa, hecho que está algo en desacuerdo con la creencia cristiana.

Incluso antes de la Escritura de los Encantamientos Divinos, "Apocalipsis" se usaba en un sentido religioso para socavar a la Dinastía Han durante la Rebelión del Turbante Amarillo (黄巾之乱) de 184-205 d. C. Este "Apocalipsis" fue adoptado por los líderes de la rebelión como un medio para un fin político. Durante este periodo de la historia, las clases campesinas masivas trabajaron por una miseria y enfrentaron fuertes impuestos. Muchos taoístas veían esto como un gobierno opresivo que terminaría en un periodo de destrucción, del cual surgiría un nuevo liderazgo.

. . .

A diferencia de la mayoría de la escatología occidental, los chinos de este periodo veían el final de los días como simplemente el final de un ciclo. La historia china debe considerarse de naturaleza cíclica.

Este ciclo depende del "Mandato del Cielo" (天命). El mandato fue dado por los cielos a los emperadores, les dio el derecho a gobernar con la condición de que gobiernen de manera justa. Si la relación entre las masas y su emperador se deteriora hasta el punto de malestar e insatisfacción masivos, el mandato pasará a quienes derroquen al emperador e instalen un sistema de gobierno más justo para el pueblo.

Durante la rebelión del Turbante Amarillo y muchas otras rebeliones en la historia de China, los aspectos religiosos de las rebeliones se han utilizado como un llamado a la movilización. Este mandato del cielo tiene raíces muy antiguas en la historia de China y ha influido en la psique china.

A lo largo de la historia de China, los nuevos líderes han utilizado el mandato del cielo como fuente de legitimidad.

. . .

Muchos (aunque ciertamente no todos) finales dinásticos podrían interpretarse como el final de los días en un ciclo, para ser seguidos rápidamente por otro. El mundo tal como la gente lo conocía iba a terminar y uno nuevo iba a surgir con una nueva gobernanza. Cada final marcó una sangrienta rebelión y caos, que finalmente fue sofocado por un nuevo gobierno.

Hoy, China solo reconoce cinco religiones, el islam, el budismo, el taoísmo, el catolicismo y el protestantismo. Los miembros del partido pueden ser expulsados por mantener públicamente sus creencias religiosas. Una encuesta de la Asociación de Archivo de Datos Religiosos sobre afiliaciones religiosas encontró en China que el 15 por ciento de la población era estrictamente atea, mientras que el 85 por ciento profesaba algunas creencias religiosas. La mayoría de este 85 por ciento probablemente tenga creencias de culto a los antepasados (祖先 崇拜).

Desde una perspectiva occidental, esto podría verse más como una superstición que como una religión fija.

11

Los cinco soles

Antes de comenzar el relato de los cinco soles, es necesario establecer que los conquistadores españoles fueron muy efectivos en destruir la cultura mesoamericana. Claro que hubo españoles comprensivos, a menudo clérigos, que ayudaron a preservar el puñado de códices (manuscritos) que han sobrevivido. Sin embargo, se perdió mucho más de lo que se retuvo, lo que hace que la comprensión de las culturas olmeca, maya, azteca y otras culturas precolombinas sea tanto un acto de reconstrucción como de recuperación. En otras palabras, hay muchas suposiciones fundamentadas y una necesidad de realizar un llenado de espacios en blanco.

. . .

Esto significa que encontrar la historia original y definitiva, o lo que a veces se llama el desmitificar, es una tarea difícil en el mejor de los casos.

Lo que los estudiosos han encontrado es a menudo contradictorio; así que aquí se presenta una historia basada en las versiones más frecuentes de estos mitos.

La historia cuenta que, en un principio, solo existía el Vacío.

Del Vacío vino el Primer Dios, Ometeotl. Como suele ser el caso de una deidad emergente que se creó a sí misma, Ometeotl encarnó (y anuló) todas las dualidades; lo que no fue el caso de la próxima generación de dioses. Estos fueron los Cuatro Hermanos, nacidos del Ometeotl, sin presentar género alguno. Sus personalidades eran tan distintas como sus estaciones cósmicas.

Sosteniendo el firmamento del Norte estaba el Hermano Negro, Tezcatlipoca. Tezcatlipoca era un Dios hechicero, que también era el Dios de la Noche. También tenía solo una pierna, lo que llegaremos a desarrollar en un momento.

. . .

El Apocalipsis

Sosteniendo a Occidente estaba el Hermano Blanco, Quetzalcóatl.

También conocido como la Serpiente Emplumada, Quetzalcóatl era en muchos sentidos la antítesis de su Hermano Negro, siendo un Dios de luz y misericordia, así como de los vientos.

En el sur estaba el Hermano Azul, Huitzilopochtli, el Dios de la Guerra y el Sacrificio. Considerado la deidad patrona de los mexicas, para los aztecas el éxito y la derrota en la guerra estaban relacionados con su placer y patrocinio.

Finalmente, Oriente fue dominio del Hermano Rojo, Xipetotec, el Dios del Oro, la agricultura y la primavera.

También conocido como el Dios desollado por su continuo auto sacrificio (un guiño a los patrones de vegetación de las plantas, especialmente el maíz), es un personaje menor en la historia de los Cinco Soles.

. . .

El término de Hermanos para estos cuatro dioses es técnicamente correcto, mas no es el término utilizado por profesionales y académicos.

Ese término sería Tezcatlipoca; sin embargo, dado que el Tezcatlipoca Negro también se llama simplemente Tezcatlipoca, a efectos de relato es más entendible referirse a ellos por sus colores y la palabra Hermanos para simplificar las cosas.

Dentro de la historia azteca, hay algunos seres más a los que debemos prestar atención: uno es un cocodrilo gigante voraz y monstruoso llamado Cipactli. Este temible monstruo tenía fauces abiertas en cada una de sus articulaciones, y fue la primera creación en el mundo.

Otro es el dios de la lluvia y de la fertilidad Tlaloc, que fue creado por los hermanos durante el primer sol.

También son importantes para nuestra historia las primeras y segundas hermanas-esposas de Tlaloc, Xochiquetzal y Chalchihtlicue.

El Apocalipsis

. . .

Antes del primer sol, al igual que el dragón babilónico Tiamat (asesinado por Marduk) y el gigante Ymir en la mitología nórdica (desmembrado por Odin y sus hermanos), en este mito, una bestia tuvo que ser combatida para hacer la Tierra, permitiendo que la creación comenzara.

Nuestra bestia se llamaba Cipactli, que habitaba en las profundidades y consumía todo lo demás que los Hermanos intentaban crear.

Los Hermanos se enfrentaron a Cipactli y salieron victoriosos. Sin embargo, en la batalla, el Hermano Negro Tezcatlipoca, señor del Norte, Dios del Engaño y la Hechicería, sacrificó su pierna, usándola intencionalmente como cebo para atraer a Cipactli, lo que puede haber llevado a algo de su amargura posterior.

El cuerpo de Cipactli se utilizó para crear la Tierra. Los hermanos crearon una raza de gigantes, así como una nueva generación de dioses, incluido el dios de la lluvia Tlaloc, junto con su hermana y esposa, Chalchiuhtlicue, diosa de las aguas y la belleza terrestres. Cipactli no estaba muerto, simplemente se retorció en la forma de la Tierra. Por eso, los gigantes hacían sacrificios de sangre para suplicar su dolor.

Solo había una trampa ... no había luz en los Cielos, solo la eterna oscuridad del Vacío. Así, los Hermanos crearon una solución. Se decidió que uno de los Hermanos ascendería a los Cielos y brillaría sobre la Tierra, creando así al primer Sol. Para esto, se eligió al Hermano Negro Tezcatlipoca, Señor del Norte.

Pero había un problema, pues después de ser mutilado por la bestia Cipactli, solo pudo producir una luz tenue; así que el primer sol era apenas medio sol. Después de un tiempo, Quetzalcóatl se impacientó ante la insuficiencia de su hermano. Finalmente, perdió los estribos, poniendo en marcha una cadena de eventos que culminaría en los Cuatro Soles restantes.

Airadamente arrojó un garrote de piedra a Tezcatlipoca, arrojando al mundo a la oscuridad. Tezcatlipoca respondió de la misma manera; se transformó en un jaguar y cazó a toda la raza de gigantes, acto de genocidio que Quetzalcóatl no iba a perdonar.

. . .

Esta vez, fue Quetzalcóatl quien se convirtió en el Sol y los dioses crearon una nueva raza de humanos. A diferencia de los que vivieron bajo el Primer Sol, estos humanos eran de nuestro tamaño. Desafortunadamente, eran demasiado humanos; a medida que sus civilizaciones crecieron, se volvieron más violentas. Peor aún, dejaron de rezar a los dioses.

Aun así, Quetzalcóatl amaba a sus súbditos, un hecho que no pasó desapercibido por Tezcatlipoca. Usando su hechicería, convirtió a los humanos del Segundo Sol en monos.

Indignado y decidido a comenzar una nueva era con un Tercer Sol, Quetzalcóatl creó un poderoso huracán que arrasó con los monos. Con este hecho, Quetzalcóatl renunció, poniendo fin a la era del Segundo Sol.

Aunque Tlaloc no era un hermano, sino uno de los primeros dioses creados, junto con su esposa, Xochiquetzal, la diosa de la belleza, la fertilidad y el poder sexual femenino; fue Tlaloc el elegido para ser el Tercer Sol. Se creó una nueva raza de humanos y, durante un tiempo, todo marchó bien.

. . .

Mientras tanto, Tezcatlipoca estaba tramando un plan propio: logró seducir y robar a Xochiquetzal. Tlaloc tenía el corazón roto. Además de ser el Tercer Sol, seguía siendo el Dios de las Lluvias, pero en su dolor, dejó de escuchar las oraciones de su pueblo. Las lluvias dejaron de llegar, las cosechas empezaron a morir y los lamentos de la humanidad cayeron en oídos sordos de Tlaloc.

Pero no dejaron de rezar y pronto Tlaloc se molestó. Si era lluvia lo que querían, sería lluvia lo que recibirían. Así pues, lo que les dio fue una lluvia de fuego. Azotó el mundo de todos los seres vivos y se retiró de ser el Tercer Sol.

A raíz de las acciones de Tlaloc, los dioses tuvieron que recoger las cenizas de la Tierra y reconstruir un mundo nuevo. Con su primera esposa seducida y robada por Tezcatlipoca, Tlaloc se volvió a casar. Esta vez fue con la Diosa del Agua, Chalchiuhtlicue, quien fue nombrada el Cuarto Sol.

De todos los soles, fue el cuarto sol el que más amó a la humanidad.

El Apocalipsis

. . .

Esta vez, Tezcatlipoca adoptó un enfoque diferente. En lugar de la seducción, jugó con sus miedos más íntimos: él le dijo que realmente no creía que ella amara a la gente, sino que simplemente fingió sus emociones para que ellos también la amaran. La acusó de lo que, en el lenguaje moderno, podríamos llamar ser una Diva.

Esto la aplastó. Pasó los siguientes cincuenta y dos años llorando lágrimas de sangre; sin embargo, a diferencia de su marido, cuyo dolor había terminado en rabia, hay pocos indicios de que tuviera la intención de acabar con la humanidad (hay una variante, sin embargo). Aun así, cincuenta y dos años de llorar sangre fueron suficientes para inundar el mundo.

Un ciclo de cincuenta y dos años era un ciclo de calendario estándar en el cronometraje azteca, similar a nuestro siglo de 100 años. Los humanos que sobrevivieron lo hicieron transformándose en peces.

Quetzalcóatl estaba decidido a restaurar la humanidad. Con este fin, descendió a Xibalbá, el inframundo, gobernado por Mictēcacihuātl (la que traga las estrellas) y su esposo, el esquelético Mictlantecuhtli.

Allí, Quetzalcóatl logró robar los huesos de los muertos. Ofreció su propia sangre para resucitar los huesos, devolviendo la vida a la humanidad en el proceso.

Esta vez, habría otro Sol más: el Hermano Azul, Huitzilopochtli, Señor del Sur, Dios de la Guerra. Sin embargo, no todos los Dioses estaban complacidos. Las Estrellas unieron fuerzas con la Diosa de la Luna para librar una guerra incesante contra Huitzilopochtli por los celos de su brillo.

Fue con este fin que los aztecas ofrecieron sacrificios humanos al Quinto Sol; pues la sangre alimenta al Dios y le da la fuerza para defenderse de las estrellas y la luna.

Si pierde, su luz se volverá negra y el mundo terminará en un terremoto cataclísmico.

. . .

Las Estrellas y la Luna se regocijarán, pero probablemente no tanto como Tezcatlipoca, quien ha estado esperando ese día desde que su hermano, Quetzalcóatl, terminó su reinado como el Primer Sol...

Por supuesto, hay variantes, incluida la historia del Quinto Sol, que a veces establece que son los hijos de Tlaloc y Chalchiuhtlicue, y no Huitzilopochtli; quienes se convierten en el Sol y la Luna. Otra variante tiene al dios Tonatiuh convirtiéndose en el quinto sol. En algunas historias, Chalchiuhtlicue no es engañada por Tezcatlipoca, pero actúa para poner fin a la era por su propia voluntad.

12

El calendario Maya

Durante incontables años, ha habido predicciones de que el mundo terminaría en una fecha determinada. Como esas fechas han ido y venido sin incidentes, han surgido nuevas fechas de los profetas apocalípticos con poca base científica. El calendario Maya de Cuenta Larga, que "finalizó" el 21 de diciembre de 2012, es el más inminente de estos, y algunos dicen que los mayas predijeron el fin del mundo en esa fecha. Si bien los científicos creíbles evitan tales predicciones, el calendario maya, sin embargo, merece una mirada más cercana.

El calendario maya consta de tres calendarios separados que se utilizan simultáneamente: la Cuenta

Larga, el Tzolkin (calendario divino) y el Haab (calendario civil).

Los dos últimos calendarios identifican días; la Cuenta Larga identifica los años. Los tres calendarios funcionan juntos como una serie de ruedas entrelazadas de diferentes tamaños, cada una marcando un lapso de tiempo diferente.

El calendario Tzolkin es un calendario de 260 días, con días del 1 al 13 en un ciclo continuo, durante 20 ciclos durante todo el año. Estos ciclos marcan eventos religiosos y ceremoniales.

El Haab es un calendario solar de 365 días compuesto por 18 meses de 20 días cada uno y un mes de cinco días. Estos dos juntos forman la Ronda Calendario, que se repite en intervalos de 52 años. La Ronda Calendario todavía se usa en algunas partes de Guatemala.

En algún momento, posiblemente ya en el año 300 a. C., se agregó el calendario de Cuenta Larga a la Ronda del Calendario. La Cuenta Larga es un calendario astronómico, y cada ciclo universal dura 2.880.000 días. Se ha determinado que la fecha de inicio del calendario de Cuenta Larga es el 11 de agosto de 3114 a. C. en el calendario gregoriano o el 6 de septiembre en el calendario juliano. La fecha marca la creación de los seres humanos, según los mayas.

Es un mito que los mayas inventaron el calendario. Los calendarios Haab y Tzolkin ya existían y se remontaban al año 2000 a.C., los mayas fueron simplemente una de las culturas que lo usaron. La inscripción más antigua conocida de una fecha de Cuenta Larga es del 36 a.C., en el sitio arqueológico de Chiapa de Corzo en Chiapas, México. Debido a que esto está fuera del territorio maya, se cree que el primer uso del calendario de cuenta larga es anterior a los mayas. Sin embargo, los mayas hicieron mejoras al calendario.

El tiempo maya está marcado en días (un día se llama kin), periodos de 20 días (un uinal o 20 kin), 360 días (un tun o 18 uinal), 7.200 días (un katún o 20 tun) y 144.000 días (un baktun o 20 katun). El 21 de diciembre de 2012 marca el final del decimotercer baktun, que finaliza el ciclo de Cuenta Larga de 5.126 años solares.

. . .

Una fecha maya típica sería una combinación de los tres calendarios, por ejemplo: 13.0.0.0.0 4 Ahau, 8 Kumku. 13.0.0.0.0 es la fecha de la Cuenta Larga, 4 Ahau es la fecha Tzolkin y 8 Kumku es la fecha Haab. Al final del decimotercer baktun, el calendario de cuenta larga se restablece a 0.0.0.0.0.

Según los informes, los antiguos mayas creían que, con cada final del ciclo universal, el propio Universo se "reiniciaría" al terminar y comenzar de nuevo, no solo el calendario, de ahí la interpretación del día del juicio final. Esta interpretación fue alentada por una tablilla de piedra de 1.300 años del sitio arqueológico de Tortuguero en México, que contiene jeroglíficos que representan al dios maya de la creación y la guerra, Bolon Yokte, al final del decimotercer baktún.

Sin una amenaza específica indicada por los mayas, surgieron una serie de teorías apocalípticas. Tales amenazas incluyen un meteoro, un cometa, un asteroide o un planeta "Nibiru" recién descubierto que choca con la Tierra; los polos magnéticos se invierten, provocando una serie de mega-terremotos; incluso un agujero negro que aparece espontáneamente cerca de la Tierra para tragarlo entero. Por supuesto, científicos creíbles han desacreditado estas profecías como poco realistas, al menos en términos de inminencia. También, se descubrió evidencia en el sitio de Xultún en Guatemala que indica que el tiempo está marcado más allá del año 3500 dentro del calendario.

Es otro mito que los mayas apoyaban la teoría del fin del mundo.

En 2011, Lobo Errante, también conocido como Don Alejandro Cirilo Pérez Oxlaj, Gran Anciano Maya, líder del Consejo Nacional de Ancianos Mayas, Xinca y Garífuna, hizo una declaración de que el final del ciclo simplemente representa el comienzo de uno nuevo, no El fin del mundo. Dijo: "2012 no es el fin del mundo, ni hemos predicho nunca que terminaría: ni ahora, ni al final de nuestro calendario de Cuenta Larga, ni el 21 de diciembre de 2012". En cambio, los mayas creen que presagia el Cambio de las Edades, una era de conciencia expandida.

Es así que el final de este ciclo abre una oportunidad única para marcar el comienzo de una nueva era de evolución y despertar espiritual colectivo para la humanidad.

Es lamentable que la cultura popular occidental haya malinterpretado las profecías mayas y las haya convertido en escenarios apocalípticos, como lo demuestra la exitosa película 2012. Las profecías mayas no se refieren a un "fin físico" sino al fin del mundo como lo conocemos, y nos invitan a redefinir nuestras prioridades a medida que nos damos cuenta de que con nuestro estilo de vida actual estamos destruyendo el mismo hábitat que nos sostiene como especie.

Conclusión: una rápida revisión al Apocalipsis contemporáneo

La rama más nueva de la histeria apocalíptica reside en una enfermedad que puede convertir a los vivos en muertos vivientes. Las historias de zombis han existido durante siglos, se mencionan en textos antiguos como La epopeya de Gilgamesh y el mito nórdico de Ragnarok (este último que navega en un barco desde el inframundo) y se convirtió en un concepto centrado en los rituales vudú. Estos zombis comenzaron como seres esclavos bajo el control de sus creadores.

Los zombis que conocemos hoy no son creados por un ser humano o incluso una fuente piadosa, sino por una enfermedad.

. . .

Enfermedades de todo tipo han sido un auténtico temor de la humanidad, desde la peste negra hasta la gripe española; millones, si no miles de millones, han muerto en plagas que se han extendido por todo el mundo. Parece que el virus zombi no es diferente en concepto.

Los mitos y cuentos populares del pasado son los reality shows, las páginas web y las películas de hoy. Si hay un pensamiento que plaga la conciencia general, aparecerá en una pantalla en algún lugar y con frecuencia, lo que también se aplica al apocalipsis. Los medios de comunicación de hoy se han aferrado a la idea del fin del mundo y la han seguido en todas las direcciones posibles. Hay programas de televisión como *The World Without Us* y *Doomsday Preppers* en los que se dan vida a las ideas de cómo terminará el mundo y cómo será sin la humanidad.

La última serie es un reality show en el que personas llamadas "preparadores" comparten sus ideas sobre cómo terminará el mundo y los pasos que están dando para prepararse. La mayoría de ellos tienen hordas de armas, alimentos almacenados y, a menudo, búnkeres aislados y elaborados planes de escape. Hollywood se ha aferrado a las ideas giratorias del fin del mundo y ha creado cantidades masivas de experiencias postapocalípticas para los espectadores de la era moderna.

Se encuentra una verdad innegable de que este tema es una creciente moda cuando uno se sumerge a analizar las películas de hoy. *Armageddon* y *Melancholia* abordan los temores de que un cometa o planeta golpee la Tierra y acabe con toda la vida. *The Day After Tomorrow*, *Interstellar* y *After Earth* nos muestran cómo sería si el clima mundial cambiara, ya sea provocando hambruna y sequía, otra edad de hielo o, como en el caso de las dos últimas películas, la evacuación total del planeta.

Las películas de hoy también abordan preocupaciones apocalípticas seculares, a veces de una manera nueva. En *This Is The End*, un grupo de comediantes vive sus últimos días después del Rapto. Aunque es un tema pesado, lleno de muerte y demonios, es una película cómica y trae una nueva luz a las opiniones usualmente sofocantes y aterradoras del apocalipsis. En la película de 2012, la tierra es destruida por todas las catástrofes globales imaginables, y en realidad esta es una película que alimentó a la parte oscura de la humanidad que disfruta viendo la destrucción.

. . .

Algunas de las historias del apocalipsis más populares de la era moderna contienen un elemento sobrenatural.

Durante un tiempo, una gran preocupación fue la invasión de extraterrestres.

El Día de la Independencia, la Guerra de los Mundos, La Hueste y la Invasión de los Ladrones de Cuerpos retratan el tema de una raza alienígena que invade nuestro planeta y destruye a la humanidad o, peor aún, toma los cuerpos humanos como sus nuevos hogares.

The Watch y *At World's End* también explotan este tema, pero a través del lente de la comedia, lo que muestra que el apocalipsis ya no es tan grave como antes. Por último, con mucho, el tema más popular del apocalipsis hoy en día es el de la plaga zombi. Se puede decir que el zombi moderno comenzó con *The Night of the Living Dead*, y se ha extendido a *Dawn of the Dead*, *28 Days Later*, *I am Legend*, *World War Z*, y nuevamente a una luz más cómica con películas como *Shaun of the Dead*, *Warm Bodies* y *Zombieland*.

El Apocalipsis

. . .

Uno de los programas de televisión más populares de todos los tiempos es *The Walking Dead*, que sigue las historias de un grupo de personas que intentan atravesar un mundo lleno de muertos vivientes carnívoros mientras intentan aferrarse a su humanidad. No es de extrañar que los zombis hayan invadido los medios de comunicación; después de todo, ¿qué es más aterrador que morir? Supuestamente el ser reanimado para alimentarse de los vivos.

Por supuesto, uno debe preguntarse por qué el mundo moderno tiene tanta obsesión por su desaparición. Los investigadores creen que los cuentos de apocalipsis son un tipo de catarsis, en la que los espectadores pueden sentirse aterrorizados y abrumados por las ideas de apocalipsis en la pantalla, pero regresan a casa aliviados.

Uno puede preguntar "¿por qué hablar del apocalipsis ahora?"... Quizás no sea cuestión de ahora, ya que ha habido historias de apocalipsis a lo largo del tiempo, difundidas por numerosos profetas y mitos. Quizás sea el cambio, el miedo más básico de la humanidad, lo que ha estimulado la obsesión, ya que vivimos en una época de cambio constante ahora que el mundo se pliega sobre sí mismo y se extiende por todo el mundo en más formas de las que nunca lo ha hecho en el pasado.

No importa cuál sea la causa, es evidente que "el apocalipsis está de moda" y no parece que se vaya a perder en el camino en el corto plazo. La diferencia más obvia entre los cuentos de apocalipsis del pasado lejano y los que han surgido en el mundo moderno radica en el cambio del misticismo a la ciencia.

Donde alguna vez hubo rituales y magia ceremonial para detener el final de los días, ahora debe haber un énfasis en el reciclaje y, de lo contrario, en reducir nuestra huella de carbono para mantener la temperatura de la tierra bajo control.

En lugar de ofrendas en los templos para ganar los favores de los dioses, la gente necesita vacunarse y comprar productos orgánicos. Por supuesto, existen excepciones a la regla, ya que incluso las ideas de la vida y la muerte se están moldeando en una criatura apestosa y los planetas están llenos de vida empeñados en conquistar.

El Apocalipsis

. . .

De cualquier manera, parece que el enfoque ha pasado de los dioses al planeta y especialmente al papel que los humanos realmente juegan en él. La humanidad nunca dejará de soñar con las formas en que el mundo puede acabar. Para nosotros, como es innegable que comenzamos en alguna parte, también debería serlo que terminamos.

Referencias

(N/A) (2011) "Destroyer and deliverer: The true meaning of Vishnu's Kalki avatar". Recuperado de https://www.firstpost.com/ideas/the-last-horseman-the-true-meaning-of-vishnus-kalki-avatar-108561.html

(S/D) "Maitreya Buddha". Recuperado de http://www.age-of-the-sage.org/buddhism/maitreya_-buddha.html

(S/D) "The Hopi Message to the United Nations (12/10/92)". Recuperado de http://crab.rutgers.edu/~omaha/NAI/Hopi_Prophecy.htm

(S/D) "What is the story of Kalki (tenth avatar of God Vishnu)?". Recuperado de https://hinduism.stackexchange.com/questions/579/what-is-the-story-of-kalki-tenth-avatar-of-god-vishnu

Berkowitz, A. (2015) "200-YEAR-OLD "MESSIAH CLOCK" SETS LAST POSSIBLE DATE FOR

FINAL REDEMPTION". Recuperado de https://www.israel365news.com/46995/200-year-old-messiah-clock-counting-down-final-redemption-jewish-world/#PLHlS86w81XQVHFP.97

Borowski, S. (2012) "Myths of the Mayan Long Count calendar". Recuperado de https://www.aaas.org/myths-mayan-long-count-calendar

Christo, C. (2021) "The Hopi prophecies are coming true — here's why we should pay attention". Recuperado de https://thehill.com/changing-america/opinion/566362-the-hopi-prophecies-are-coming-true-heres-why-we-should-pay

Cliffs Notes (N/A) "Summary and Analysis The Book of Revelation". Recuperado de https://www.cliffsnotes.com/literature/n/new-testament-of-the-bible/summary-and-analysis/the-book-of-revelation

Enciclopedia Iranica (2011) "Apocalyptic in Zoroastrianism". Recuperado de https://iranicaonline.org/articles/apocalyptic-that-which-has-been-rcvealed

Enciclopedia Iranica (2012) "FRAŠŌ.KƎRƎTI". Recuperado de https://iranicaonline.org/articles/frasokrti

Grove, T. (2021) "The Prophecy of the Superior Maitreya. A new translation from the Sanskrit and Tibetan". Recuperado de https://texts.mandala.library.virginia.edu/text/prophecy-maitreya

ICT (2018) "Apocalypse Prophecies: Native End of the World Teachings". Recuperado de https://indiancountrytoday.com/archive/apocalypse-prophecies-native-end-of-the-world-teachings

Midrash Torah (2013) "Vayeilekh: The End of Days". Recuperado de https://mtorah.com/2013/08/27/vayeilekh-the-end-of-days/

Moniz, A. (2014) "The End of Days: Tales of Apocalypse Across Time and Space". University of Hawai'i at Hilo. HONONU. Volumen 13. Recuperado de https://hilo.hawaii.edu/campuscenter/hohonu/volumes/documents/TheEndofDays-TalesofApocalypseAcrossTimeandSpaceArielMoniz.pdf

Mythcrafts (2019) "The Five Suns: the End of the World as We Know It". Recuperado de https://mythcrafts.com/2019/03/12/the-five-suns-the-end-of-the-world-as-we-know-it/

Norse Mythology (N/A) "Ragnarok". Recuperado de https://norse-mythology.org/tales/ragnarok/

Parsons, J. (N/A) "Perilous times and the end of Olam Hazeh". Recuperado de https://www.hebrew4christians.com/Articles/Perilous_Times/perilous_times.html

Price, I. (2015) "Apocalyptic Prophecy: A Brief Cross-Cultural History". Recuperado de http://www.theinterfaithobserver.org/journal-articles/2015/10/1/apocalyptic-prophecy-a-brief-cross-cultural-history-1.html

Rajendran, A. (2018) "Story of Kalki Avatar of Lord Vishnu - Future Avatar of Vishnu - Time - Other Details". Recuperado de https://www.hindu-blog.com/2018/12/story-of-kalki-avatar-of-lord-vishnu.html

Swinburne, T. (2015) "The Apocalypse Psyche: A Look at Chinese Eschatology". Recuperado de https://thediplomat.com/2015/11/the-apocalypse-psyche-a-look-at-chinese-eschatology/

www.ingramcontent.com/pod-product-compliance
Lightning Source LLC
Chambersburg PA
CBHW052204090526
44583CB00015BA/1506